ゼロから信頼を築く

弁護士の顧問先獲得術

高橋喜一 著

学陽書房

はしがき

私は2016年頃から弁護士向けの顧問契約獲得セミナーの講師活動を行っており、これまで北海道から沖縄まで、会場とオンラインを含めて延べ2000人以上の先生に私の講演を聴いて頂いています。それだけ「顧問契約獲得」というのは多くの先生にとって興味深いテーマであり、また悩みも多いものです。

私は、会場での色々な先生方との出会いを通じ、この業界には本当に素晴らしい法律家が大勢いることを日々実感しています。しかし、素敵な人柄をお持ちで、高い知見を備えている先生方でも、「営業」というちょっとしたスキルを磨く機会がなかったために、経営的に足踏みをしている方が実に多いようにも感じています。その「もったいない」が、私がこの講演活動を続けている最大の理由です。

この度、これまでの講演で話してきた内容を整理して一つの本にしてはどうかというご提案を頂き、本書の執筆に臨むことになりました。執筆にあたり特に留意した点は以下の三つです。

一つ目は、**再現性**を意識した内容にすることです。私はこれまで幸いにも多くの顧問先に恵まれましたが、本書においては読者の皆さんがこれをトレースできることが重要です。

私は小さな雑居ビルに事務所を構える平凡なマチベンです。大規模化による大量処理などの体制もなければ大金を投じてテレビ広告を打つこともできません。普通の弁護士がすぐにできることを愚直にやってきました。特別なことは何もいりません。それが、私のノウハウが多くの受講生の先生方に受け入れられた最大の理由だと思っています。

二つ目は、**ファクト**を開示することです。本書はマニュアル本という位置づけではありますが、弁護士人生の成功を真剣に、本気で考えている読者の皆さんの意欲に応えるべく、私の経営状況に関する数値や、実務で用いているオリジナルの書式などを公開することにしました。抽象的な、または精神論的な営業本ではなく、リアリティのあるノウハウ書にするために、多少生々しい情報も勇気を出して掲載しています。

三つ目は私の様々な**失敗談**もご紹介することです。実はビジネスの成否については、成功よりも失敗の方が再現性は高いといわれています。成功者を模倣しても必ず成功するとは限りませんが、失敗者を模倣すると必ず失敗します。そこで恥をしのんで色々な失敗談も個別の章を設けてご紹介することにしました。

また、全体を通じて私の自慢話にならないように、また読み物としても楽しんで頂けるような執筆スタイルを心がけるようにしました。読者の皆さんがリラックスして全体を気持ちよく通読して頂けるような、そして読み終わった後には色々な営業の技術が頭に入っている、そんな心地よい読後感を覚える本を目指して本書を書きました。

この書籍の原型は、私の事務所経営が軌道に乗り始めたころ、弁護士ドットコムの社内勉強会のために作った10ページ程度のスライドでした。今思えば大変稚拙な資料でしたが、それがきっかけで同社主催の大規模なセミナーが全国各地で開催されるようになりました。

その後私の講演活動はオンラインに場所を変え、LegalOn Technologies 社主催のちょっと風変わりなお笑い番組に変化を遂げました。

当初は、まだまだ新参者の私が諸先輩方を差し置いて顧問先獲得について語るなど百年早いのではないかとも思っていたのですが、幸いにもこの業界には懐の深い先生方ばかりで、私の講演会は多くの土地で温かく迎えられ、オンラインでも根強いファンの方が応援してくださるようになりました。この場を借りて、受講生の先生方にお礼申し上げます。

本書の執筆は、私に講演人生の契機を与えてくれた弁護士ドットコム株式会社の皆様、その活動をさらにオンラインの場で進化する力を与えてくださった LegalOn Technologies 社の皆様、そして私にお仕事をくださっている顧問先企業各社様の存在がなければ到底実現し得なかったものです。

そして、こんな私を見つけて執筆を勧めてくださった学陽書房の伊藤真理江さん、原稿のレビューを毎週のようにしてくれたコスモポリタン法律事務所の事務職員の皆さん、本当にありがとうございます。

本書を手に取られた先生方が、素敵なクライアントとのご縁を得ることができますように。

2023年2月

高橋　喜一

PART 1

「顧問弁護士」ってどういう存在?

ギモンに全部答えます!

PART 2
一歩踏み出そう！ 顧問契約獲得に向けた活動準備

PART 3 明日マネできる！ 顧問先とのリアル出会い方8選

PART 4

顧問契約に結びつける！ 問い合わせから顧問契約獲得までのステップを伝授

PART 5

リアル失敗談から学ぶ！ 私は「コレ」で獲れませんでした…。

PART 1

ギモンに全部答えます！
「顧問弁護士」ってどういう存在？

まずは「顧問弁護士」の生態がピンとこない方に向けて、よくいただく質問にお答えする形で仕事内容を紹介します。顧問弁護士がどのような雰囲気の仕事なのか、どのような人がこの仕事に向いているのか、顧客から求められているものとは何なのか、力を抜いてざっくりと眺めてみましょう。

01

「顧問弁護士」ってどんな仕事をするの？

多種多様な企業の法的ニーズをどう捉えるかが重要

はっきりとした形のないサービス

最初に、顧問弁護士とは企業にとってどういう存在であるか、またあるべきなのかという点について考えてみたいと思います。

若手の先生方と話をしていると、顧問弁護士とはどのようなサービスを提供する存在なのかイメージがわかないという先生がよくおられます。

顧問契約は、訴訟の委任契約とは違い、特に具体的な依頼事項もなく、毎月数万円以上の顧問料が発生するのですから、当然その対価に見合った価値の提供が前提となります。では、一般的に顧問弁護士とはどのような付加価値を企業に提供する存在なのでしょうか。

契約周りのサービス

顧問弁護士として最も多い仕事は、契約書のレビューや作成など、企業の契約締結に向けた法的サポートです。

普通の企業は日々色々な契約を取引先と結びますが、機密保持契約、基本契約、個別契約などひとつの取引において複数の契約が走ることも珍しくありません。それらに向けて法的な助言をしたり、時には相手方と折衝をしたりする役目を担うこともあります。

簡単なチェックで済むこともあれば、単に雛形を提供するだけのこともあり、また新しいスキームの場合は新規に契約書を作成することもあります。会社が大きくなり取引内容がだんだんと高度複雑化してくると専門家の助力がより必要となってきます。そういうご依頼は毎回同じ弁護士に依頼した方が質、速度及びコストの面で望ましいため、そこで継続的にサポートをしてくれる顧問弁護士の存在はとても重要です。

アドバイザーとしてのサービス

企業はその活動に付随して様々な課題を抱えます。それが法的な問題なのかそうでないかの切り分けも含め、身近に相談相手がいることはとても心強いことです。

特に、その会社の事業内容や内部事情なども知っている人であれば、打ち合わせの際の説明も手短に済みます。

先ほど契約周りのサービスについて触れましたが、その前段階の事業スキームをデザインする段階においても顧問弁護士に関与してもらうことで、必要な許認可や知的財産の手当てなど、顧客側で見落としかねない論点も拾うことができ、企業側も安心して事業構築を進めていくことができます。

また、長く顧問契約が続いて信頼関係が生まれると、心理的に外部の人には相談しづらい不祥事に関する事項や、役員の個人的な悩み事などの相談相手としても頼られる存在になります。

紛争処理請負人として

また企業によっては避けがたい紛争に直面することも時にはあります。そういうときに、会社のことをよく知ってくれている弁護士に解決を委ねることができればとても心強いです。それは弁護士としても同じで、よく知っている企業からのご依頼は短時間でかつ正確に事案の理解ができ、証拠の所在の見当もつきやすく、勝敗の見通しも立てやすくなります。ひとつの顧問先からは似たような事案のご依頼が続くことも多いので、勘が働きやすくなり処理効率もやがて上がっていきます。

活躍の幅は無限に広がる

顧問先が弁護士に期待するニーズは他にも色々とあります。私の事務所でも、経営相談だけの企業や、営業のお手伝いを頼んでくる企業、商品開発について意見を求めてくる企業など様々あります。

法律以外にも得意なことが増えていくと、弁護士の活躍の幅は広がりますし、それが仕事を楽しくしていきます。あまり枠にとらわれずに貪欲に活躍の場を模索したいところです。

顧問弁護士の
心得

企業にとっては欠かせない存在の顧問弁護士。その活躍の可能性は無限大。

02

どんな人が「顧問弁護士」に向いているの？

顧問弁護士になるには
法律的な能力以外の
要素がむしろ重要！

どんな分野にも向き不向きはある

「顧問契約獲得」をテーマとしたセミナーに登壇した際、受講生の方からよく頂く質問があります。それは、「『自分は企業の顧問弁護士』に向いているだろうか」というものです。確かに弁護士業務には刑事から家事まで多様な業務分野があり、それぞれの分野に向き不向きがありますが、企業顧問にもやはり向き不向きはあるように思います。本項目ではその点について少し考えてみましょう。

ビジネスに関する興味がある人

能力的な向き不向きよりも、もっとも重要なのはビジネスに対する強い好奇心があるかだと思います。企業から顧問弁護士に寄せられる相談には純粋に法律の知識を訊ねるものだけでなく、商売の中身そのものに寄ったものも多いです。

したがって、日頃から日経新聞やビジネス雑誌、経済ニュースなどに目を通すことが好きな人や、特定の業界や業種に関する情報収集に貪欲な人は企業顧問という仕事に向いていると思います。ビジネスに関する幅広い知見は、企業が顧問弁護士を選ぶにあたり重視するポイントでもあります*。

ちなみに私は弁護士になる前には色々な会社でサラリーマンをしていましたので、やはりビジネスに関する関心は高い方なようで、それが企業法務を10年以上楽しみながら続けてこられたひとつの要因だと思っています。やはり好きこそ物の上手なれですね。

◇◇◇ レスポンスの良い人

企業の経営者がもつビジネスのスピード感はとても速いです。

したがって、日頃顧問先から寄せられる連絡や相談に迅速に対応できる姿勢が求められますし、打ち合わせなどが入った場合は極力すぐにスケジュールを調整することも必要です。

ある企業では、「チャットワークの返信は15分以内」をひとつの目安としているところもあり、一般的な弁護士のスピード感と異なることを実感させます。

＊「顧問弁護士活用の実態とニーズ調査レポート―全国の中小企業編」
https://legalforce-cloud.com/download/20

LegalOn Technologies社が行った調査*によれば、企業が顧問弁護士に関して重視するポイントに「スピード」が挙げられていることも見逃せません。多くの顧問先を獲得したいのであれば、レスの速い人を目指す必要があるといえそうです。

◇◇◇ 相談しやすいキャラクター(個性)を持っている人

また、先に紹介した調査では、企業が顧問弁護士に対する満足度を左右する項目の上位に「相談のしやすさ」が挙げられています。

継続的に企業から相談を受ける立場の顧問弁護士としては、相談がしやすい人でないと話になりません。このあと本書(2-08、2-09)でも詳しく述べますが、トーク術を磨き、身だしなみを整えることも重要です。単に企業法務を取り扱うということではなく、企業の顧問弁護士になることを目指すなら、相談しやすい性格作りを考えることはとても重要で、そのようなこと(自己改造)に意欲のある人がやはりこの分野に向いていると思います。

ちなみに私のセミナー等をご覧になった方はご存じかと思いますが、私はよく言えば個性派弁護士(悪く言えば「変な人」かもしれませんが…)と言えるでしょう。読者の皆さんには、少しユニークな方が顧問先もたくさんできるのだと勇気を持って頂き、ぜひ魅力的なキャラクター作りに挑戦して頂きたいと思います。

キャラ作りの失敗談(5-10)や人柄のにじむ事務所報の作り方(6-01)など、対外向けのキャラクター作り・アピールのコツも後述します。

「私、無個性なんだよね…」と不安になる読者もいらっしゃるかもしれませんが、大丈夫。難しいことは書いていません。まずはぜひ、読み進めてみてください。

商売への好奇心、レスの良さ、そして相談しやすさが顧問弁護士としてのあなたを形成する。

03

どんな企業が「顧問弁護士」を必要としているの？

あらゆる企業が顧問弁護士を必要としているわけではない

世の中は顧問弁護士のいない企業だらけだが…

全国の企業のうち7割以上の会社には顧問弁護士がいません。

しかし、それら全てが顧問弁護士という継続的に相談できる法的専門家を必要としているかというと必ずしもそうではありません。ニーズのないところに熱心に営業活動をしても契約獲得は難しいです。どのような企業に狙いを定めるかは法律事務所を経営するにあたってよく考えるべきポイントです。

では、どのような企業が顧問サービスの営業をかけるにあたって狙い目なのでしょうか。

目安は売上が年間2億円

私のこれまでの経験から、月5万円の顧問料を支払うことに迷いがなくなるのは利益率にもよりますが、年商2億円以上の企業です。

年商2億ですと月5万の顧問料は売上の0・3パーセントに過ぎないため、これを高いと思う発想はなくなります。

あとは能力や相性、そして必要性によってあなたを顧問弁護士として起用するかどうかを判断できます。

また、売上がそのくらいの規模になってくると、内製では処理しきれない法的事務が社内で発生するようになります。

少し難易度の高い契約案件が出てくることもあれば、金額規模の大きい取引が出てきたり、また規模の拡大に応じてトラブルの生じる頻度も高まってきます。

もちろんこれより小さい規模の会社でも顧問契約がとれることもありますが、私の経験上は顧問料を値引きしないと獲得が難しかったり、また契約があまり長続きしない傾向にあるように思います。

企業の属性によっても獲得難易度は異なる

企業の属性によっても顧問契約に向き不向きがあります。

たとえば小規模な飲食店や小売店は日々色々なトラブルがあり得るのですが、その多くは数千円から数万円レベルの金額に関するものが多く、発生頻度も一定ではないため毎月固定の額を弁護士に支払う顧問契約にあまり向いていません。このようなお客様はむしろスポットで対応する方が顧客満足度は高いように思います。

また、不動産賃貸業を行う、いわゆる大家業にも顧問弁護士のニーズがないことが多いです。事業内容に変化が乏しく、時々発生する家賃回収や明け渡しの事案はその依頼者のことをよく知っている必要があまりないため、案件ごとにスポットで依頼すれば済むからです。

やはり、類型的には契約事務が比較的高頻度で発生する企業や、多くの従業員を雇用している企業、新しいスキームのビジネスを展開している企業など、潜在的に法的ニーズのある企業をターゲットに営業活動をしていくべきでしょう。

すでに顧問弁護士がいる企業は難しいか

また、すでに顧問弁護士のいる中小企業から顧問契約を獲得するのは難しいといえます。

本書でしばしばご紹介しているLegalOn Technologies社の調査によると、中小企業が契約する顧問弁護士は通常一人で、複数人を顧問に抱える企業は少数です。そして一度締結した顧問契約は長期化する傾向があるので、そこに割って入るのはなかなか可能性が低いです。

やはり、まだ顧問弁護士のいない企業とのご縁を丁寧に温めていく方が結果的に契約に結びつく近道ではないかと思います。

顧問弁護士の
心得

顧問弁護士のいない年商2億円以上の企業との縁をとにかく大事に温めよう。

04

「顧問弁護士」には特別なスキルが必要？

顧客企業は必ずしも特別な能力の有無を重視しているわけではない

周りをみれば凄い人だらけのこの業界…

私が弁護士になった頃は、常に様々な劣等感と対面する日々でした。

弁護士になった時の年齢はすでに39歳。決して偏差値の高いとは言えないド田舎の法科大学院を出て、これといった特技も人脈もないところから私の企業法務人生はスタートしました。

しかし、東京で企業法務専門をうたう先生の多くは、東大や中央など超一流の大学や大学院を卒業し、若くして司法試験に合格して、海外に留学している人なども珍しくなく、そんな人たちとスペックで勝負することは負けが見えています。

しかし、そこから15年の年月が過ぎ、底辺から雑草のように生えてきた私は、現在顧客数でも売上額でも、高スペックの先輩たちとなかなかよい勝負をしているように思います。私は、企業法務という分野においてもそこには一定の「棲み分け」があるのだと感じています。

◇◇◇ スペックを重視するのは超大企業

現在、私の顧問先には東証上場企業が5社あります。これらの企業の多くは、私がある程度弁護士としての経験年数を積み、一定の専門性を備えた後に声をかけてくださった企業です。

上場するほどの大企業は労務、ファイナンス、業種特化分野など複数のジャンルごとに顧問弁護士を起用することが多いので、やはり専門性や経験年数を重視します。私は学歴や語学力などで見劣りする部分を、年齢と多少の専門性でなんとかカバーして、ようやく5社の上場企業を顧問先として獲得しましたが、これはなかなか運と縁も必要で、これから企業法務に挑戦しようという先生には少し先の目標かと思います。

ただ、3-05で独立後いきなり上場企業から顧問の依頼が来たというエピソードをご紹介しますが、全く不可能な話でもありません。

私の顧問先で一番大きい会社は年商1兆円超の大企業で、顧問弁護士が数十人います。そして各弁護士のスペックを見てみると、必ずしも輝くような学歴や職歴を持っている人ばかりというわけでもありません。法務部長の話によると、渉外など専門性が極めて高い案件はいわゆる四大と呼ばれる大手事務所に高いフィーを支払って依頼しているが、そうでない案件はコストの関係から規模の小さい法律事務所に依頼しているそうです。たとえば全国の裁判所で多数係属している訴額の小さい裁判はとにかくフットワークと体力のある旅好きな先生にお任せしているそうです。スペック以外の要素を重視する目線で顧問弁護士を探している大手企業を偶然見つけることは難しいのですが、「大手は無理」と決めつけず、貴重な縁を見逃さないようにしましょう。

専門性を身につける方法については第2章でも少し述べたいと思います。

◇◇◇ゼネラリストを求める中小企業

他方で、中小企業は通常一人の顧問弁護士しか雇いませんので、あらゆる分野の法律問題に満遍なく対応できる弁護士を必要とします。何かに特化した弁護士よりもゼネラリストを求めているのです。

私も、駆け出しの頃から現在に至るまで、顧問をご依頼くださる企業の多くはゼネラリストとして私を見てくださっていて、何かの専門家としてご評価頂いている訳ではないようです。私の専門分野は一応IT系の法務ですが、顧問先から寄せられる日常の相談のほとんどはITとは関係のない話題ばかりで、労務から顧客クレームなど多種多様なご相談に日々対応しています。

世の中の会社のほとんどは未上場の中小企業なのですから、これらの企業の法的ニーズに対応できる、守備範囲の広い法律家であることが、まずは大事なのだと思います。

PCスキル・レスポンスの良さ・柔軟なコミュニケーション力を高めよう

経歴的なスペックとは別に、ＰＣスキルは努力して高めることが必要です。最近は企業の意思決定スピードも高く、弁護士のレスポンスも早くてスマートであることが今まで以上に要求されています。私が他の先生方と差別化を図れている要因のひとつに、ＩＴを上手に活用しているという点は確実にあると思います。

様々なコミュニケーションツールで円滑に顧客と連絡を取り合い、データベースなど豊富な情報源を駆使し、さらにはＡＩツールや最新のクラウドサービスを上手に利用することができれば、業務の質とスピードを顧客に示すことができます。こういう点は商談時から結構顧客には見えるもので、それも商談を上手に進めるひとつの材料になるといえそうです。

顧問契約獲得の近道は、頼れるゼネラリストになること。ＩＴを上手に活用できるとなお望ましい。

05

顧問先が増えても休暇は取れるの？

最初のうちは
休みがないと
覚悟した方がいいかも

トラブル相談は時と場所を選ばずやってくる

企業の顧問先が増えてくると、休日や深夜に突発的な相談や依頼が飛び込んでくることが増えてきます。

私は全ての顧問先に携帯電話の番号とＬＩＮＥのアカウントを共有していますので、深夜でも休日でも相談の電話が来ることはあります。

飲食チェーンなど土日に営業している顧問先では、土日祝日にトラブルが発生することもありますし、特に年末にはなぜかもめ事が増えたりします。大晦日の日にアウトレットモールで万引き犯を現行犯逮捕したので対応して欲しいという連絡があったこともありました。

確かに、企業法務弁護士を志した以上は、このように顧問先からの急な対応に応じることは覚悟の上でしたし、お医者さんが急患に対応しなければならないのと同様、この職業に就いた以上は、ある程度プライベートの時間を犠牲にすることも我慢しなければならないと思っています。

◇◇◇ 全く休めないわけではない

休日や深夜にも突発的に仕事が入ることがあるのは企業法務弁護士の宿命ではあるのですが、全く休めないかというとそうでもありません。仕事にはかなり波があり、平日でも全く何の用事のない日もあったりします。私はそのような日にはのんびり過ごして羽を伸ばすようにしています。

どのような分野でもそうですが、やはりオンオフの切り替えが大事なのは企業顧問を中心とする弁護士にもいえることですね。

同様に、ひとつひとつの案件の負担を減らすためにも、色々な業務をＩＴ化して、効率よく仕事を処理できるようにしていく工夫も大事です。

たとえば、各種情報共有ツールの導入、リモートワークを可能にする通信環境、便利な周辺機器の導入、などのうち、できることから始めてみましょう。業務の効率化は、自分の自由な時間を増やすことに直結するからです。

長期休暇はとれるのか？

私は海外旅行が趣味なのですが、実際のところ、私が独立後初めて長期間海外旅行に行ったのは独立から5年後のことでした。事務員が4名、アソシエイトが3人に増えた時です。弁護士になってからの約10年は、3日間以上の休暇をとったことがなかったので、当時の私としては大きな決断でしたが、顧問先の皆様には「休暇をとりますが休暇中もメールやチャットには随時対応します」と事前にお知らせをした上で、思い切って5日間の休暇をとってアメリカ旅行に行きました。実際のところ、休暇中の私に用事を頼んでくる顧問先はありませんでした。

その後、事務所のＩＴ化もさらに進み、イソ弁達も成長してきて、時々旅行に行く時間的余裕が出てきましたが、これは独立後7～8年くらい経ってからのことです。

イソ弁や事務員たちの理解と協力もあり、また最近はクラウド電話やチャットツールなども普及してきたため、最近では私が不在だと困るということもかなり減ってきました。旅行中にどうしても私でないと対応できない案件が生じた際も旅先から対応するなどしています。

つまり最初は頑張りどき！

企業法務弁護士として独立を目指す読者の皆さん、最初はあまり休みがとれませんが、頑張っているうちにやがて留守を任せられる人を雇う余裕が出てきます。

そうなったら、思い切って旅に出ましょう。

売上が増え、体制が整ってくれば、逆に自由な時間が増える。それまではひたすら頑張ろう。

06

大都市圏でないと顧問契約獲得は難しい？

物理的な距離が遠いことがハンデではない時代になりつつある

◇◇◇ 顧問弁護士を必要としている企業は大企業に集中

LegalOn Technologies 社が２０２１年に実施した調査＊によると、顧問弁護士を採用している企業は東京、大阪、神奈川、愛知の大都市圏に集中しており、他の都道府県と圧倒的な差をつけているようです。

これはつまり、企業からの顧問契約が欲しい地方の先生は、地元での契約獲得には限界があるということです。

企業の絶対数が少ない土地で、顧問弁護士という法的ニーズを持っている会社を見つけ出し、契約に導くためには様々な困難が伴うことは容易に想像できます。

近いことを重要視しない顧客も増えてきた

企業の顧問契約を獲得したい先生は、やはり企業の絶対数が多い東京や大阪の顧客を獲得することを検討すべきです。

今は商談や打ち合わせもオンラインで完結する時代になってきましたので、きちんと見込み客とつながれる方法を構築できれば距離はさほどハンデにはなりません。ウィズコロナの時代、足で稼ぐ営業がやりにくいのは大都市圏の先生方も同じですし、都会に事務所を構えている先生が皆たくさん顧問契約を獲得できているのかというと決してそうではありません。

「近さ」というのは顧客の数ある判断材料のひとつにすぎず、しかも現在ではさほど重要な決め手ではありません。

先に紹介した調査レポートでは、顧問弁護士を選ぶ際に重視する要素は、仕事の質、相談のしやすさ、スピード感、料金、ビジネスへの知見などであり、２０００以上ある回答者の中に近さを回答した人は一人もいませんでした。

＊「顧問弁護士活用の実態とニーズ調査レポート―全国の中小企業編」
https://legalforce-cloud.com/download/20

◇◇◇ 東京の弁護士が地方の顧客を獲得することも容易に

他方で、東京の弁護士が地方の企業を顧問先として獲得することも容易な時代になってきました。

私のコスモポリタン法律事務所は東京の企業が顧問先に多いのは事実ですが、ご紹介やネット経由などで、大阪に4社、沖縄に3社、熊本に2社とあるほか、全国の色々な企業から顧問の依頼を頂いております。

このように、東京の弁護士が地方の企業と顧問契約を結ぶことはコロナ禍よりも前から結構あったように思います。逆のことも十分あり得ることだと思います。

◇◇◇ 裁判のIT化によってますます獲得は容易に

いよいよ令和4年より裁判のIT化に関する動きが本格化します。

これまで遠方の顧客から裁判の依頼を受けると、期日への出頭のための時間と経費がネックとなることはありましたが、今後はそのハンデもほとんどなくなってきます。たまには出頭を必要とする手続きも残るでしょうが、頻度はかなり低くなるでしょうし、工夫次第で色々と負担を軽減することもできると思われます。そのような環境の変化も、遠方の顧問先を獲得する上での追い風となってくることが予想されます。

遠方の企業を顧客として獲得するには

大都市圏の弁護士も、顧問先との出会いのきっかけはほとんどがネット集客かご紹介です。近所だからふらっと飛び込んでくるような企業はありません。そういう点でも近所であることは全く有利な点ではありません。

地方だから顧問契約がとれないのではと尻込みしている先生、怖じ気づく必要はありません。本書のＰＡＲＴ３を中心に、本書では様々な集客のヒントを紹介しています。参考にして頂ければきっと何社も顧問契約を獲得できるはずです。勇気を出しましょう！

顧問弁護士の
心得

企業が顧問弁護士に求めるのは「近さ」ではなくそれ以外の要素である。

07

駆け出しの弁護士でも顧問の依頼はくるの？

たとえルーキーでも
経験不足を補う
要素があれば大丈夫！

企業が顧問弁護士を選ぶ理由は様々

「企業の顧問弁護士」というと弁護士経験豊富なベテランの先生というイメージをお持ちで、駆け出しの頃に顧問先を獲得することは難しいと考えている方も多いかと思います。

確かに、企業の経営者や法務担当者には、弁護士に顧問を依頼する際にその弁護士の経験や専門性を気にする人が多いことは事実です。様々な経験や実績を積むまでは顧客獲得の難易度は高いかもしれません。

しかし、顧問弁護士に何を求めるかは依頼者によって異なるのも事実です。私も弁護士登録から4年の間に11社の顧問先ができましたし、その後、私の事務所に入所したK弁護士はなんと1年目から10社以上（！）の顧問先を獲得していました。

つまり、工夫次第で早い段階で顧問先を獲得することは決して不可能ではないのです。

ちなみにK弁護士は、私がこの本（特にPART2とPART3）でご紹介した様々な営業手法を登録直後から忠実に真似していました。実は私がこの本に書いているノウハウに再現性があると確信したのはK弁護士のおかげでもあります。

私やK弁護士の場合を振り返ってみると、登録2～3年目で顧問契約をしてくれた企業は、

・近所だから*
・出身大学と学部がたまたま同じだったから
・顧問料が安そうだから
・時間に余裕がありそうだから
・別の先生には断られたから

など、あまり専門性や経験とは関係ない動機でご依頼をくださったケースも結構ありました**。

種を蒔くことの重要性

私は弁護士1年目には1社も顧問先がありませんでした。

もっとも、営業活動を全くしていなかったのではなく、「種を蒔く」活動を熱心にしていました。無料ポータルサイトに登録をしたり、経営者交流会に参加したり、スポットでご依頼が

＊ ネットが普及する前は、近いことを重視する企業はありました。最近はあまり…。
＊＊もちろん、能力を認めてくれてご依頼をくれた企業も多少ありました…。

あった企業には時々手紙を書くなどして、企業の経営者や法務担当者の方々との接点を増やし、交流を維持するように工夫していました。

また名刺交換をした方とはFacebookでつながるようにし、私の日々の暮らしを共有したりしていました。営業で大事なのは「知り合うこと」と「忘れられないこと」ですので、そのことを意識しながら多くの経営者とつながりを維持していました。

他方で、弁護士会の集まりにもなるべく頻繁に顔を出すようにして、先輩方ともつながるように心がけていました。

◇◇◇ 2年目から少しずつ顧問の依頼が！

弁護士2年目になった頃、過去にスポットで何度か法律相談をしたことのあった企業からメールが届きました。社長が私の人物を気に入ったので顧問契約をしたいということだそうです。このときは事務所で飛び上がって喜んだものです。そして事務所中から拍手があがりました*。

その数ヶ月後、また別の企業から顧問契約をしたいというメールがありました。こちらも過去にスポットで何度か法律相談があった企業でした。

その後、弁護士会の活動でよくご一緒する先輩から、手一杯で引き受けられないという顧客をご紹介頂き、2社顧問契約を頂くに至りました。

それ以外に弁護士ドットコム経由で3社の顧問先ができ、弁護士2〜3年目の間に8社の顧問先ができました。

新人弁護士が顧問先を獲得することは決して容易ではないですが、コツコツと種を蒔くことにより、やがて何かが実を結ぶことがあるのです。最初から諦めずに、地道な工夫を重ねていきましょう。

＊最近は顧問先を獲得しても事務局から何の祝福もないので少し淋しいです。

駆け出しのうちに種を蒔くべし。するとその種は意外と早い時期に発芽の時期を迎えるものである。

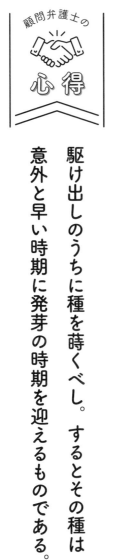

08

ワンオペ事務所でも顧問先を獲得できる？

考え方次第だが、ずっとワンオペでよいかはよく考えて！

近年増えてきたワンオペ事務所

かつては、法律事務所といえば弁護士1名、事務員1名の2名体制の事務所が圧倒的多数だったと聞きます。

最近は事務員を雇用せずに弁護士1名だけで運営する、いわゆるワンオペ事務所もそれなりに増えてきたように思います。

その背景には携帯電話やチャットなどの通信手段の多様化、電話代行サービスなどの普及、サービスオフィスの増加など、一人でビジネスを完結させることを可能にする周辺環境の進化があります。

確かに、私が若い頃からすでにそういう事務所は結構多かったように思います。特に最近は顧客との打ち合わせを全てオンラインまたは事務所外で行うこととし、会議室を持たない事務所で執務をして上手くいっている先生もいるようです。

◇◇◇顧客の目から見たワンオペ事務所

ワンオペ事務所の最大の魅力はなんといってもローコスト経営を可能にする点です。

しかし、それなりの規模の企業の顧客から見た場合に、これは見劣りがしないのでしょうか。

そこはやはり少し気になる点で、実際、私のセミナーの受講生からの相談も多いです。

私は顧客から弁護士探しを頼まれることも結構あります。私が見つけてきた弁護士について、よく顧客から聞かれるのが、イソ弁を何人雇っているか、事務所はどこにあるか、どんなビルに入っているか、などその先生の能力とはあまり関係のなさそうなことを結構聞かれます。

そうです。知らない弁護士の能力を判断するのは難しいので、人はつい能力とは違うスペックにどうしても目が行ってしまうのです。

そういう点では、究極のミニマム経営であるワンオペ事務所は、どうしても弱点となってしまうことがあります。私は弁護士になる前に企業の法務部門にいたこともあるので、そういう依頼者目線も理解できますし、実際にそういう目で弁護士を見ていたこともあります。特に大企業にはそういう傾向があります。

そのような経験から、私は4年目で独立した時から（支払が大変でしたが）、普通のオフィスビルを借りて正社員の事務員を雇用していました。

◇◇◇ ワンオペ事務所ならではの工夫が必要

そうはいっても経営が軌道に乗らないうちに大きな固定費を捻出するのは大変です。

まずは少しずつ売上を増やして、ある程度目途が立ったら事務員を雇用するなど、段階を踏んで事務所を育てていくのもひとつの選択です。

その間は、

・事務所の規模などを重視する顧客は諦める
・秘書サービスなど外注できるサービスを活用する
・業務の効率化のためのＩＴツールを積極的に活用する
・休暇中などのバックアップ体制を考える

など過渡期的な工夫を重ねていく必要があるでしょう。

◇◇◇ ワンオペからの卒業もいつかは選択肢に

ワンオペはローコストですし、何より気楽な良さがあります。しかし休みが取りづらく、仕事が堆積した場合に窮地に陥ることもあります。

個人的には、ワークライフバランスの確保や業務効率の向上のためにも一日も早く売上を安定化させ、複数の事務員やイソ弁を雇えるようになることを最初の目標とすべきだとは思います。

この商売、全力疾走できる時間には限りがあります。息の長い仕事をするには、ワンオペを続けるにしても卒業するにしても、精神的にも肉体的にも無理のない経営状態をなるべく早い時期に実現させたいところです。

顧問弁護士の心得

弁護士は自営業。一人でもチームでも、健康で長く仕事を続けていける執務スタイルを早期に確立すべき。

09

ゴルフはやっぱりできなくちゃダメ？

昔から
営業には有利と
聞くけれど…

士業の営業といえばゴルフ？

同業の方と顧客獲得について話をしていると、必ず話題に上るのがゴルフの話です。確かに、士業に限らず営業ツールとしてゴルフを有効活用している人はたまに見かけます。ただ、私は「営業のために」ゴルフをすることには少し消極的です。

ゴルフの営業上のメリット

もちろんゴルフは楽しいスポーツですし、次に述べるような色々なメリットがあります。

・スポーツを通じた交流は親睦を深める効果が高い
・自然の中で過ごす時間を共有できる

・ゴルフを通じて相手の性格や人物をよく知るきっかけになる
・ゴルフ後の入浴で、いわゆる「裸の付き合い」が生まれる
・富裕層の人とお近づきになれるチャンスがある
・そもそもスポーツとして奥が深く楽しい

このような様々なメリットから、ゴルフは昔から営業ツールとして重要な地位を確立してきたのだと思います。

◇◇◇ゴルフを始めてみたところ…

私のクライアントにもゴルフ好きな経営者は多く、時々ゴルフのお誘いを頂くことはあります。実は私も駆け出し当初、ゴルフセットを買い、ゴルフスクールに通い始めました。弁護士5年目の頃で、ようやくゴルフをする時間とお金ができてきて、車を購入した頃でした。

しかし、そこで色々な気づきがあり、ゴルフは長続きしませんでした。

・予想以上にお金がかかる
・平日を一日潰してしまう（なぜか経営者のゴルフは平日が多い）
・プレイ当日だけでなく、日頃の練習時間を確保する必要がある
・ぎっくり腰のリスクがある（ゴルフで腰を痛めた知り合いが多数…）
・顧問先の中でのゴルフ人口は意外と多くなかった

確かにショットが決まると爽快ですし、奥の深いスポーツではあるのですが、ゴルフを続けるために要する労力や時間を考えると、営業のためにゴルフをすることはコスパが悪いと思います。

◇◇◇ 趣味を営業に活かすには

顧客との親睦深耕のためには仕事外でのお付き合いがとても重要ですから、趣味を持つことは不可欠です。そして、趣味を営業に活かすためには、何かひとつに打ち込むよりは多趣味であることの方がよっぽど有利です。

私はかなり多趣味な方でして、登山、旅行、スイーツ作り、料理、ヨガ、ピアノ、ウクレレ、食べ歩き、観劇、岩盤浴、その他様々な趣味を嗜んでいます。

ここまで趣味がたくさんあると、かなりの方と趣味が合います。顧客との雑談の中で趣味の話題が出たときに、大抵は共通の話題がひとつふたつは出てきます。

ここで大事なのは「趣味が合うこと」ではなく「趣味時間を共有すること」にあります。

最近では私の自宅に、自作の二郎系ラーメン（通称「家二郎」）を食べに来て、それが美味しかったと顧問契約をくださった社長さんがいました。また別の方は私の家にケーキ作りを教わりに来て、人生初のケーキを家族に持ち帰りサプライズをした方もいました。我が家で初めての電子ドラムを体験した方もいます。そういえば観劇のための地方遠征にご一緒した社長さんもいました。

もちろん、心からゴルフが好きで、出費や休日をゴルフに費やすことをまったく厭わない方は、それがそのまま営業上の武器になることでしょう。

その一方で、そうではない方には、ゴルフ以外にも、顧客と楽しい時間や非日常の体験を共有する方法は色々とあるのではないか？　ということを、ぜひ考えて頂きたいと思います（5－10でも、営業上有利な趣味・不利な趣味について、私の経験をふまえてご紹介しています）。

あなたの「好き」の中に、営業活動の突破口があるかもしれません。

顧問弁護士の心得

ひとつの趣味に頼るよりも、多趣味であることの方が営業上は有利。

10

ぶっちゃけ高橋先生の顧問先の数は？　売り上げは？

経営の安定は
精神の安定に通じる？
私の「リアル」を
お伝えします

◇◇◇ 数が大きければよいというものではないけれど…

本項目では、質問を頂くことが多い、私の顧問弁護士としての経営状況についてお話ししたいと思います。読者の皆さんにとってはご関心のあることだと思いますので、「この本のノウハウはこんな弁護士が書いているのだな」とイメージしてご覧になってみてください。

現在、私の顧問先企業は85社です。毎年、新規と解約で多少の出入りがありますが、ここ数年はこの数字で安定しています。売上は年間1・2億で、約7割が顧問料、約3割が顧問先からの事件報酬です。

読者の皆さんの中には、私よりも多く稼いでいる方もきっと大勢いらっしゃるでしょう。ただここで重要なのは、私の場合、収入の7割が「ストック収入」であるということです。毎月一定額が必ず入ってくるという安心感は経営者弁護士にとってはとても大事なことです。しかも顧問料には原価などありませんので、粗利益率100％のサービスです。私が日頃、朗らかそうに生きているのは、（持ち前の性格もありますが）収入の大半が顧問料だからではないかと勝手に思っています。

また、顧問先を持つメリットは安定収入だけではありません。その顧問先で発生する様々な仕事を高い確率で受任できるという点です。弊所の売上の3～4割は顧問先からの事件報酬ですので、これも事務所の経営を支える大きな変動要素（つまりボーナス？）となっています。

登録2年目から少しずつ増えていった

弁護士1年目の年は全く顧問先がありませんでしたが、2年目から少しずつ顧問先ができ、4年目には11社の顧問先ができました。そこから毎年数社のペースで増え、その年に独立をしました。それから9年が経ち、85社に増えましたので毎年8社くらいのペースで顧問先が増えたことになります。もちろん、その間に解約になった顧問先もありますので、実際には毎月1件以上の獲得をしていた計算になります。

ただ、顧問契約はご縁もありますので、毎月コンスタントに契約がとれるわけではなく、5件くらい一気に契約が増える月もあれば、全く新規契約がない月もありました。

◇◇◇ 終了件数もそれなりに…

もっとも、これまでの弁護士人生においては、淋しいことですが、顧問契約が終了した顧客も結構あります。大きなミッションが終わったり、契約のきっかけとなったプロジェクトが一段落すると、そこで顧問契約が終了することもそれなりにあります。また、顧問先が倒産したり、残念ながら事件の処理方針が合わずに解約になることもたまにあります。

これまでに契約が終了した顧問先の数を数えたところ、64社ありました。弁護士生活14年間の間に、149件の顧問契約を獲得し、うち64社が解約になったわけです。解約件数が多いようにも見えますが、私の場合、スポット案件では受任せずに中短期の顧問契約方式で契約している案件もかなり多いという事情はあります。

契約終了64社の内訳をみると、倒産した顧問先が12社、買収等により別の顧問弁護士がいる企業の傘下になった顧問先が4社、処理方針や意見が合わずに解約になったのが5社、残りの43社は契約期間満了かミッション完了によるものです。

本当はミッション完了後も顧問契約を継続して頂きたいところではあるのですが、ニーズのないところに固定費を負担して頂くような関係を維持することは、やはり難易度が高いなと思います。

もちろん私の人間性や実力が評価されれば解約を防げた案件はあると思います。終了した43

社の中には、もう少し頑張っていれば…という顧客も確かにあり、私もまだまだ未熟だなとこの項目を執筆していて改めて思います。

と、正直に私の経営状況についてお話ししてみました。本当にこれまで、多くの顧問先との出会いと別れがありました。

本書では、この後の章で、そのような経験の中でうまくいったこと、また反対に失敗したことも含めて、読者の皆さんにお伝えしていけたらと思います。

顧問弁護士の心得

顧問契約も出会いと別れの繰り返し。顧客の増減に一喜一憂しなくて済む売上を目指すべき。

Column 1

企業顧問を志したきっかけ

私は、弁護士登録直後は刑事弁護を中心に活動していました。

将来的には刑事弁護で生計を立てつつ、大学で学生に刑事法を教える仕事をしたいと考えて教育活動もしていました。実は刑事訴訟に関する著作もその頃に少しありました。

しかし夢と現実はなかなか距離があるもので、無実だと信じて必死で弁護した依頼者が有罪になったり、執行猶予を目指していた事件が実刑になったりと、だんだん自分には刑事弁護の才能がないことに否応なく気づいてきました。教師になるという夢もぼやけ始めます。

その頃、ある刑事事件の被害者にS先生という代理人がつき、そのS先生のホームページを見たところ「顧問先企業50社」と書いてあって驚きました。質素な暮らしをしていた当時の私は「こんなに顧問先があったら安定した生活ができるだろうなぁ」としみじみうらやましく思いました。弁護士になった当初は、顧問料だけで生計を立てるなどという発想は全くありませんでしたし、一人で何十社もの顧問先を抱える町の弁護士が実在するということも知りませんでした。

その後私は自分の刑事弁護人としての将来に見切りをつけました。「このまま刑事弁護を続けていても、依頼者に迷惑をかけるだけだ。S先生のように企業顧問だけで食べていく弁護士を目指そう」と志を新たにしたのです。弁護士2年目の頃でした。

そこから先に私が何をしたのかは、全てがこの本に書いてあります。

顧問先を多数獲得することは、決して夢物語ではありません。

私にとっては現実に起きたことですし、読者の皆さんにも実現できることのはずです。

PART 2

一歩踏み出そう！
顧問契約獲得に向けた活動準備

さあどこかの会社の顧問弁護士になるぞ！
と思っただけでは顧問契約はとれません。
契約を獲得できるスタイルや流れを確立するには
色々と準備が必要なのです。
そのためのヒントを本章ではご紹介します。

01

目標設定として、顧問先が何社あれば経営は安定する？

顧問料で
固定費をカバーできる
ようにするのが
最初の目標！

経営の安定は心の安定につながる

ＰＡＲＴ２は、顧問先獲得に向けた活動準備がテーマです。まず手始めに、「何社くらいの顧問先からいくらくらいの顧問料をもらうことを目指すか」という目標設定を行いましょう。

本項目では、私が独立を決めた際の収支も公開します。目指す事務所の規模や立地、またそもそも独立を目指すかどうかにより、設定すべき目標も様々かと思いますので、ひとつのご参考としてみてください。

さて、1‐10で述べた通り、顧問先を増やすことは経営の安定に直結します。よく、毎月の固定費を顧問料で賄えるようになると安心と聞きます。固定費を顧問料で賄い、事件収入で利益を確保するという考えの先生は多いようです。私も毎月の売上で経費を賄えそうだと思ったときに独立をしました。顧問先の数よりは、顧問料の額が重要ということですね。

では、毎月どのくらいの顧問料収入があれば経営は安定しているといえるのでしょうか。

◇◇◇ 目安は月間顧問料70～80万円

私が弁護士4年目で独立をしたときの顧問先数は11社、顧問料などの安定収入は毎月101万円でした。

個人的にはこれで十分独立できると思っていたのですが、事務所の家賃、事務員の人件費などの月の経費は合計毎月82万円（！）だったので、毎月の手残りは19万円でした。ここから税金などを引くと生活費としてはかなり心細いです。ご参考までに、独立当初の私の月次収支をご覧ください。

独立時の収支	
顧問料収入	900,000
役員報酬	90,000
その他	20,000
収入計	**1,010,000**
家賃	220,000
人件費	400,000
弁護士会費	50,000
駐車場	38,000
水道光熱費	30,000
通信費	50,000
消耗品費	30,000
支出計	818,000
経常利益	**192,000**

固定費の中で大きな要素は家賃と人件費なのですが、意外とそれ以外の細かい支出も無視できません。

しかも独立後に保険に加入したり、判例データベースを導入したり法律雑誌を定期購読したりと、毎月の出費はこれ以上に増加しました。独立当初の私は、何としても、もう少し売上を増やす切迫した必要性がありました。

もう少し賃料の安い事務所を借りるか、事務員を正社員ではなく週3日程度のパートにすれば経費は抑えられたかもしれませんが、私は企業法務専門でいくつもりだったので、顧客への見栄えも重視する必要があります。そのため事務所としてのきちんとした体制は最初から作っておきたいと考え、普通のオフィスビルの一室を借りて事務員を正社員として雇用し、スタートしました。

◇◇◇ スポット案件で利益を確保

顧問料で固定費を賄えたとしても、それでは自分の生活費を捻出できることにはなりません。弁護士4年目の私はまだ人脈もなく事件がどんどん回ってくるという状況でもありませんでしたので、独立当初は相変わらず、国選刑事事件を地道にこなすなどして、細々と生活費を捻出していました。

また、時々（本当にたまに）ご紹介で舞い込んでくるスポットの事件なども有り難かったです。しかしそう多くはありませんでした。

なんだかんだで毎月の事件報酬は平均20万円くらい確保でき、また顧問先もその年に何社か増えたので、不安だらけの独立1年目をなんとか乗り切ることができました。キャッシュ・フローでいうと年間5回赤字の月がありましたが、なんとかなるものですね。沖縄の琉球大学出身の私が独立当初によく口にしていたのは「なんくるないさ〜」（なんとかなるさ）という沖縄の人がよく口にする言葉でした。この言葉を日頃からつぶやいていたら、本当になんとかなりました。

堅実な目標設定と努力の継続ができていれば、あとは読者の皆さんもなんくるないさ〜の精神で経営に取り組んで頂ければと思います。

顧問弁護士の心得

固定費をカバーできる顧問料を確保すれば、あとはなんとかなる。

02

どんな服装で営業に行けばいい？

ファッションを
軽視するなかれ！
あなたの印象は
それで決まる

◇◇◇「背広」は男性弁護士の仕事着として最適なのか？

突然ですが、この業界、女性弁護士にはお洒落な人が多いのですが、男性弁護士はそうでない人が多いような気がします（ごめんなさい）。

以前、依頼者と裁判所に行ったときに「**誰が弁護士だかすぐわかる。ダサい背広を着ているから**」と言われたことが今でも強く印象に残っています。

確かに、言われてみれば男性弁護士のほとんどは外では背広を着ています。しかも多くの人がノーネクタイです。そもそも背広はネクタイを着用すると収まりが良くなるように設計されているので、ノーネクタイにしたとたん変な感じになってしまいます。

また、背広の色は紺かグレーがほとんどです。無難ではありますが、皆が皆、同じような色合いなので、どうしても印象には残りません。

「普通」と思われることのリスク

私も弁護士になりたての頃は、毎日背広を着て仕事をしていました。

しかしある日、高校の同級生だった税理士と食事をしたときに、彼が鮮やかな真っ赤のシャツを着て約束の店に現れたのです。

「今日は休みなの？」と聞いたところ、彼はつい先ほどまでクライアントと会っていたというので驚きました。

彼が言うには「士業は差別化が難しい職業だ。経営者は日頃から色々な士業者と名刺交換をするが、会った人全員を覚えていることはない」。

確かにその通りです。彼は続けます。

「背広を着て10人の経営者に普通と思われるより、9人の経営者に変だと思われても、個性ある服装で残り一人の記憶に残る方が営業上は上なのだ」と。

そう、営業で一番避けるべきは、忘れられることなのです。

◇◇◇

背広を全て捨てる

その後、私は自宅にあった背広を全て捨て、中年向けのファッションのマニュアル本*を何冊か買って勉強しながら、クローゼットの入れ替えを敢行しました。まさかアラフォーに差しかかって急にお洒落に目覚めるとは思ってもいませんでしたが。

背の低い私はスーツがあまり似合わないので、基本はジャケットにパンツで構成し、コンサバ的なビジネスカジュアルで統一しています。

ネクタイはその日の気分でしたりしなかったりですが、ノーネクタイの日にはワイシャツは着ません。その場合首回りにアクセントを出すためにバンダナやスカーフ、アスコットタイを着けることもあります。

そんなことを10年以上しているうちに、色々な顧問先から「女子力が高い」と言われるようになりました。印象に残る人になるという目標は、少し時間がかかりましたが達成できたようです。

ところで、目の前の人に「お洒落ですね」と言わせる一番簡単な方法はワンポイントのアクセサリーや小物を何か身に着けることです。私は、ブローチ、ポケットチーフなどの小物をアレンジすることで日頃のコーディネートにアクセントを加えています。

前述の脚注で挙げたように、男性向けのわかりやすいファッションのマニュアル本もどんどん増えています。何から始めたらよいかわからない方は、ぜひご参考にしてください。

第一印象を磨こう！

欧米には、First impression, that's what counts.（第一印象が全てを決する）という諺があります。ところが、弁護士という人種（特に男性）は人前に出るときにお洒落であることを重視しないことが多いです。はたしてそれで本当によいのでしょうか。そんなことはないですよね。読者の皆さんもこれを機に色々なファッションに挑戦されてはいかがでしょうか。

＊大山旬「クローゼット整理からはじまる40歳からの服選び」（技術評論社、2016年）、森岡弘「男のファッション練習帖」（講談社、2013年）、HankyuMen's監修「今日から使える大人の男のオシャレ塾」（主婦の友社、2013年）などを参考にしました。

顧問弁護士の心得

「背広」を着るのではなく、「あなたに似合う服」を着よう。

03

「専門性」なんてもの、ないのですが…。涙

特に
弁護士なりたての頃に
悩む問題…。
ないなら作るしかない！

◇◇◇ 顧客が気にする「専門性」

顧問契約を検討してくれそうな見込み客と商談をしていると、よく聞かれるのが専門分野や得意分野です。私は弁護士になる前に民間企業で働いていた経験はあったのですが、営業畑とＩＴ部門に長くいたため法律関係の仕事をしたことはほとんどなく、顧客に法的専門性をアピールする材料がありませんでした。

確かに私は昔からパソコンなどには結構詳しかったのですが、弁護士としての能力に直結しない趣味程度のスキルは顧客への訴求力が高くありません（雑談の話題のネタのひとつにはなりますが）。受注機会を増やすためにも何かの「法的」専門性を身につけることの必要性を感じていました。

◇◇◇

自治体の審議会委員に

なかなか仕事がなくて貧しい暮らしをしていた1年目。たまたま目にした地元自治体（豊島区）の広報誌に求人が出ているのを見かけました（自治体の広報誌の隅まで目を通すほど暇だったともいえます）。個人情報保護・情報公開審議会委員に欠員が出たので、住民から若干名募集をするというものでした。

私は早速これに応募したところ、幸いあまり応募者がいなかったのか、面接試験を通過し採用されました。その後、修習同期の人も同じ求人に応募し、その人も採用されました。この種の求人は弁護士だと採用される確率が高いのかもしれません。

自治体の審議会は学識経験者（大学教授）、区議会議員、住民（区民）で構成される合議体で、私は区民委員として採用されました。仕事内容は情報管理に関する様々な行政上の議題について自由に意見するという、弁護士にとっては得意分野といえる仕事でした。報酬は必ずしも高くないのですが、行政の生の現場に触れられるということで大変勉強になり、良い経験となりました。

◇◇◇

自治体には色々な委員会が設置されている

自治体の審議会委員という経歴は、専門的な仕事を行政機関から依頼されたという印象を与えます。これひとつで何かの第一人者になるわけではないのですが、ひとつ弁護士としての経歴が増えることになります。これは「全く何もない」人との大きな違いを生みます。微差は大差を生むのです。

審議会委員の募集は、各自治体の広報誌やホームページに掲載されます。多くの自治体にあるのは、景観や都市計画、人権擁護、公文書管理などに関する委員会です。

他にも各自治体が独自に個性的な委員会を設置していることもあります。たとえば京都市では「新たな『京都市動物園構想』の策定」検討会議という会議体があり、そこで「サルワールドエリアの類人猿舎及びサル島の再整備についても検討」*するそうです。何だか楽しそうですね。

◇◇◇ 弁護士資格が必要ではない仕事でも

実際には仕事を受けることはなかったのですが、アニメやゲームの倫理審査をする仕事（資格不問）の募集があり、それに応募したところ採用選考の手続きに進んだこともありました。ちょうどその時は仕事が忙しくなってしまい、結果的に応募を辞退したのですが、それをやっていれば良い経験になったと思いますし、経歴に彩りを添えられたかなと少しもったいないことをしたと残念に思っています。このように、典型的な弁護士業務以外のところにも、皆さんのキャリアアップにつながる仕事は色々あると思います。

経歴はなんでもかんでもあれば良いというわけではない

ここでひとつ留意すべき点があります。企業の顧問弁護士として選択されるには経歴の見栄えが重要です。

私は行政から仕事をもらったという点を経歴に掲載しましたが、あまり顧客に刺さりにくいと思われる経歴（たとえばＩＴ系の資格が多数あることや、刑事法に関する執筆があること等）はあえて経歴欄には記載していません。見せる経歴が増えたら、ネタの取捨選択が大事ということもぜひ意識してください。

＊京都市情報館
https://www.city.kyoto.lg.jp/templates/shingikai_bosyu/bunshi/0000240232.html

専門性は、なければ作る。

04

広告にはお金をかけた方がいい？

お金をかけることよりも
多少の手間と
創意工夫！

広告に大金を投じられない独立当初

２０００年に弁護士の広告が原則自由化され、現在は色々な法律事務所がインターネットやテレビ、ラジオで広告をしています。大量の見込み客を獲得するためにはそれなりの広告費を投じて少しでも露出を高めるべきだと考える方もいるかもしれません。

しかし2-01でも触れましたが、独立当初の私は毎月の収支がほぼトントンで、広告などに大きな先行投資をする勇気はありませんでした。

ホームページにお金をかけすぎない

仕事中にホームページ制作業者から営業の電話がかかってくることがよくありますよね。しかし、ホームページ制作を業者さんに依頼するとだいたい100万円前後の費用がかかります。確かにホームページはないよりはあった方がよいのですが*、高い予算を投じてまで作る必要性はありません。ちなみに私は弁護士ドットコムのページをホームページ代わりにして7年くらいやっていましたが、それで十分間に合っていたように思います。

作るとしてもよほど凝ったものでない限りは、弁護士のホームページは既存のテンプレートから簡単に作ることができます。所属弁護士のK弁護士もH弁護士も個人ホームージは自分で1円もかけずに作っていました。

◇◇◇ 検索エンジンへの広告

最近よく営業の電話がかかってくるのはGoogleマップの最適化に関する営業です。B2Cビジネスではこれは多少重要性があるのですが、企業法務という観点からは投資の価値はあまりないです。

他方でリスティング広告に関しては多少使い道があります。ちょっとコツは必要ですが、ある年の仕事納めの日に「弁護士　年末年始」などのキーワードをセットしてリスティング広告を出す実験をしたところ、大晦日に2件問い合わせがあって顧問契約1件と訴訟の受任が1件できました。検索エンジンへの広告出稿は工夫次第で安価にピンポイントで集客できるという

*特に人材採用に関してはホームページがあることが望ましい。

メリットがあることがわかりました。ただし多少の勉強は必要ですが。

なお同じことを5月のゴールデンウィークでも試したところ一件も問い合わせがありませんでした。興味深いですね。

◇◇◇ 講演会主催

私の苦い経験をひとつご紹介しましょう。

あるイベント企画会社の営業さんの勧めで企業向けの講演会を開催することにしました。東京国際フォーラムの会議室を借り、全国数千社の企業にＤＭを送り、私の講演に来てもらうというものです。これで企業の経営者などと一度にまとめて知り合いになれるという目論見でした。

私はイベント開催費用数十万円を業者さんに支払い、告知からＤＭ発送、開場の手配などの準備をしてもらいました。

しかし、なんと開催日2日前までに入った申込はたった2名で、それでは講演にならないということで、私の判断で中止にしました。当然ながら開催準備費用は全て無駄になってしまいました。今の私ならもう少しお客さんが入るのかもしれませんが、駆け出しの頃の私にはなんの集客力もなかったようで、痛い授業料になりました。

インタビュー記事広告

たまにあるのがあまり聞かない雑誌やウェブメディアにインタビュー記事（の体裁の広告）を載せませんかという営業です。これも私はお勧めしません。多くの場合、背伸びをしているような記事になってしまうことが多いからです。内容によっては逆に恥をかくことになる場合もあるので、仮に利用するとしても業者の選択には慎重に。

顧問弁護士の
心得

「お客が欲しい」という心理につけ込む業者には注意しよう。

05

顧問契約書の雛形を作ろう!

どこまでを
サービス範囲にするか
を決めるのが重要

顧問契約書にどこまで書くか

顧問先獲得に向けた営業活動をするにあたり、まず行うべきことのひとつが顧問契約書の雛形作成です。

契約書には、顧問料、契約期間、自動更新の有無のほか、追加料金が発生する事項について定める必要があります。また、顧問サービスとしてどのようなことを行うのかについても可能な限り具体的に記載しておく必要があるでしょう。たまに本当にざっくりとした弁護士顧問契約書の雛形を見ることがあるのですが、抽象的すぎるとサービス範囲が曖昧になりますし、かといって詳細に書きすぎると顧客にわかりにくいものになってしまいますので、ほどよいボリューム感で作ることが大事です。

顧問サービスに含めるもの

私の例をご紹介しますと、顧問サービスに含まれるものとしては、日常の法律相談、契約書チェックを顧問料の範囲内としています。また、実費のみで行うものとしては、弁護士会照会などの簡単な調査、簡単な書面の作成、簡単な交渉を無償としています。

ここでいう「簡単な書面の作成」とは受任通知などの定型的な文章や、既存の雛形を加工する程度のもの、Ａ４用紙１枚程度の書式を埋めるものなどを指しています。また簡単な交渉とは、訴訟に発展しなさそうな軽微なクレーム対応や明らかに当方が勝ち筋な交渉などを想定しています。

よく「契約書の作成は別料金にすべきでは」という意見もきくのですが、最近はLegalForceなど契約書の雛形が充実しているサービスがあるので、腰を据えて新規の契約書をゼロから作成するようなことはほとんどありません。

このように実費以外のものを基本顧問料の範囲内にすることで、請求事務も簡素化され、経理負担も軽くなっています。

顧問サービスに含めないもの

私が顧問契約でサービス対象外にしているのは他士業の専門分野です。顧問先によってはなんでもかんでも弁護士に投げてくるところもありますが、税金や社会保険については必ずしも詳しいわけではないですし、弁護士賠償責任保険のカバー範囲内でもない場合があるので、これは明示的に除外しています。他士業の専門分野を取り扱う場合には加入している損害保険の内容をよく確認することをお勧めします。

また私は刑事弁護、刑事告訴を顧問サービスから除外しています。顧問先で起きる刑事事件のほとんどは利益相反の問題が生じるものですし、刑事告訴は労力の割には報われない結果になることがほとんどで、この分野の事件が顧問先で発生した場合には刑事手続きに詳しい別の事務所をご紹介しています。これに近い理由で家事事件も顧問サービスの対象外にしています。

追加料金が発生するもの

追加料金が発生するものとしては、郵券、外部に依頼する調査費用などの実費があります。報酬的なものとしては、意見書や鑑定書など、既存の雛形からは作成できないものです。最近多いのはM&Aにおけるデューデリジェンス業務などの報告書で、これは結構まとまった金額を顧客と取り決めることになります。

また、裁判手続きについてもやはりこれは手間がかかるので別料金にしており、旧弁護士報酬規定の2割引きと定めています。なお、債権回収については完全成功報酬制で依頼できることもあるとしています。

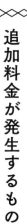

顧問契約書の雛形は商談段階で見込み客に見せることも多いです。「この先生は月額いくらで、どこまでやってくれるのか」が顧客にイメージしやすいような契約書を工夫して作っていくことが大事だと思います。わかりにくい顧問契約書は、それだけで契約獲得の可能性を下げてしまいますので注意しましょう。

顧問料の設定方法については、次の2-06で詳しく触れることにしましょう。

顧問弁護士の心得

顧問サービスの範囲を契約書で明確にすることにより、顧客との認識相違を回避できる。

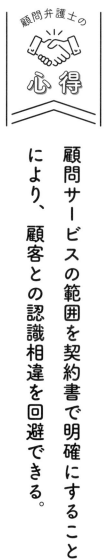

06

顧問料の設定はどうする？

顧問料の設定を
どうするかは
永遠の悩み。
ご参考として
みてください

◇◇◇ 適切な顧問料設定は？

知り合いの弁護士との会話の中でよく出る話題は顧問料の設定です。

LegalOn Technologies 社が２０２１年に行った調査では全国の中小企業が顧問弁護士に支払う顧問料は月額５万円前後が相場のようです。ただ、この顧問料の範囲内でどこまでのサービスを提供するのかは人によって大きく考え方が違うようです。

顧問料の設定を行き当たりばったりに決めたり、安易に特定の顧客だけ安くしたりしていると顧問先間で不公平が生じることがあります。特に顧問契約は紹介で来ることが多いので顧客間で顧問料の額が伝わってしまうことがあるため、注意が必要です。

パターン1　固定料金＋タイムチャージ制

よくあるケースとしては、月間5時間までは顧問料の範囲内で、それを超過すると1～3万円のタイムチャージを課金する方法です。また、固定料金を0円にしてタイムチャージのみとする例もたまにあるようです。

この方法は想定を上回る作業が発生した場合にも作業に見合ったフィーを得られるという点で安心感があります。他方でいくつかデメリットもあります。

デメリットとしては、

①作業時間のエビデンスを残すことが難しい
②請求事務が発生する
③顧客の社内決裁の関係で敬遠される

などがあります。

特にデメリット③は、顧問先との関係性に大きな影響を及ぼします。企業によっては1円の支払いでも社内稟議が必要な会社があり、固定枠を超える作業になる場合は相談や依頼を控えたり、そもそも顧問契約を回避したりする可能性もあるからです。

企業の法務担当者としては「この弁護士にこれ以上相談すると課金される」という心理が働きやすくなります。なんでも気軽に相談できるという顧問弁護士の良さが十分に活かせない可能性もあります。

このデメリット③を回避するために、契約後、超過部分を事実上請求しないという運用をしている先生も多いように感じます。しかしそれが失注リスクを完全に回避できているかというとちょっと疑問です。

パターン2　完全固定料金制

もうひとつよくあるパターンとしては完全月額固定料金制にして、タイムチャージなどを一切課金しない方法です。

この方法は、先ほどのパターン1のデメリットを全て解消できるのですが、大量の相談や依頼が入ってきた場合でも固定額しかもらえません。映画や音楽のサブスクと違い、法律顧問サービスは弁護士という生身の人間が働くものですから、特定の顧客から大量の相談や依頼が来た場合に直ちに疲弊してしまう心配があります。

メリットとしては、顧客側から見ると予算計画を立てやすい、追加料金のために社内決裁を得る手間もない、何でも気軽に相談できるというメリットがあります。弁護士の側からしても、請求事務が繁雑にならないですし、業務を効率化しようという動機付けにもなります。

どちらのパターンがよいのか？

私の事務所は設立以来パターン２の完全固定料金制です。もちろん大変忙しい顧問先もあれば、何年も相談がない顧問先もあります。結局それでうまくバランスがとれていて、意外とうまく回っているように思います。作業量の多い顧問先は時期をみて値上げをお願いしたりしています。また、大量の顧問先に対応するために所内のＩＴシステムをかなり増強しました*。私の事務所に１００社近い企業が顧問契約をしてくれているひとつの大きな要因は、この完全固定料金制ではないかと思っています。

7‐02に私の事務所の顧問契約料金表を掲載していますので、ぜひご参考にしてください。

＊（参考）コスモポリタン法律事務所ホームページ
https://www.cosmo-law.net/最先端の執務環境/

料金設定のどのメリットとデメリットを重視するかで顧問料の体系が決まる。

07

連絡先一覧を作ろう！

いつでも連絡がとれるのが顧問弁護士の大きな武器

よき相談相手になるために

顧問弁護士として企業の経営者と接するスタンスとして、私は「法律事務のアウトソース先」ではなく「相談相手」であることを重視しています。

顧問業務の内容が契約書チェックなどの事務作業に傾いていくと、日頃忙しく依頼をこなしている割には顧問先から評価を受けることは多くありません。やはり、困ったときにすぐ連絡がとれて相談に乗ってもらえたという経験（感動）が、経営者と顧問弁護士の絆を深めていきます。

そのためにも、日頃から顧客、特に経営者と密に連絡をとれる体制を作っておくことが大事です。

顧客によって日常よく使う連絡手段は様々

最近ではITの進歩により電話以外にも様々な連絡手段が使えるようになりました。そして企業によって採用しているコミュニケーションツールも様々です。多いのはメールの他にはLINE（またはLINE WORKS）とチャットワークです。

顧問弁護士としては企業の経営者には困ったときにすぐ連絡して頂きたいので（そうでないとせっかくの貢献の機会を逸してしまう）、ご契約時に私の「連絡先一覧」という表をお渡ししています（7-04）。これには、私の携帯電話番号、メールアドレス、LINE、Facebook、チャットワーク等の連絡先が書かれています。

「いつでもつながること」に弊害はなかった

たまに同業の方から聞かれるのが、いつでも連絡をとれるようにしてしまうと対応が大変ではないか、というものです。

しかし、実際のところ深夜や休日に遠慮なく連絡をしてくるという経営者は普通いません。お互いビジネスですので、そこには常識的な配慮があります。深夜や土日に連絡があるケースというのは、本当に緊急性のある事案か、社内の他の人に聞かれては困る機密性の高い話です。

100社近いクライアントがいる私でもそういう連絡は月に数回あるかないかですので、連絡先を開示することで日常生活に支障が出ることはまずないと考えてよいでしょう。

◇◇◇ 営業ツールとしても使える

私は商談の際に、この連絡先一覧を見込み客にお見せしています。

この弁護士と顧問契約をすると、いつでも連絡して相談ができる、しかも追加料金がかからない、というのは商談においてかなり魅力に映るようです。

そこを重視してご契約をくださったクライアントもかなりの数があるようです。特に飲食業、アパレル、芸能関係など平日の9時5時で仕事をしていない業界の方にとっては、土日祝日でも顧問弁護士に連絡がつくというのはかなりポイントが高い要因のようです。

◇◇◇ 顧問弁護士側にもメリットが多い

私がクライアントと連絡先を交換していてよかったと思うのは、クライアントが私の連絡先を知っているということだけではなく、ツールによっては私もクライアントの経営者の連絡先を知ることができるという点です。こちらとしても緊急で社長に連絡をとりたいということもしばしばありますので、双方にメリットがあります。

また先日は、ある三連休の2日目に複数の企業にまたがる事故が発生して各社の法務担当者が一堂に会したことがありました。私はクライアントからの報せを受け同席したのですが、他の会社の顧問弁護士は「連絡がとれない」という理由で一人も来ていませんでした。結局私の顧問先が会議をリードして有利な解決に導くことができました。単に「連絡がとれた」だけでものすごく感謝された出来事でしたが、この「連絡がとれる」ということがどれだけ付加価値を生むかは、読者の皆さんも容易にイメージができるかと思います。

なお、私の連絡先一覧のサンプルも、7-04に掲載しています。

顧問弁護士の心得

いつでも連絡がつくことが、顧問先との絆を深める第一歩。

08

自分のトークを録画して研究しよう！

「自分のトークなど見たくない」と言っている場合ではない

◇◇◇実は話し下手が多いこの業界

私は、弁護士になる前は、弁護士という職業は交渉などの専門家ということもあって話術の巧みな人が多いというイメージを持っていました。

ところが、実際に弁護士になって驚いたのは、この業界には人前で話すことが苦手な人が実に多いことです。そう、トークの訓練をした経験がないことがほとんどなのです。

私は最初に入った会社では営業研修が、次に入った会社ではプレゼン研修がありました。普通に会社員をしていると話し方に関するトレーニングを受ける機会はそれなりにあります。ところが、これまで顧問先獲得セミナーで1000人以上の弁護士受講生と接してきた経験からは、弁護士登録後に話術などの訓練を受けたことのある人はほぼ皆無でした。それでは話し上手が少ないはずです。

トレーニングによって話術は磨かれる⁉

私は、弁護士登録直後はほぼ国選刑事弁護のみで生計を立てていましたので、裁判員裁判の対策のためにボイストレーニング教室*に週一回通っていました。一般市民である裁判員の方にわかりやすい話し方をできるようにするためでした。また、弁護士会が主催する最終弁論の研修などにも積極的に参加しました。これらの経験が今の私の話術の基礎を支えています。

日常の業務を通じて話術が磨かれることがないということは、読者の皆さんも（痛いと言うほど）わかっていると思います。そうです。話術は仕事経験を積めば高まるスキルではないのです。なぜならば、自分が話している様子を自分で見て改善点を探すという機会が、普通に仕事をしている限りにおいては皆無だからです。

自分の「しゃべり」を録画しよう

私が読者の皆さんにぜひともお勧めしたいのは、日頃から自分を録画して研究するということです。

見込み客との商談（ロープレ）、雑談の様子、飲み会の光景など、日頃自分が他人と接する

*パワフルヴォイスヴォーカルスクール　https://www.pv-vs.com/

場面を録画して見てみるのです。なくて七癖といいますから、色々と自分の嫌なところが見えてきます。自分が見ても嫌なところは、他人から見ても快いものではない可能性が高いです。そういった気になる点を見つけては改善していくことにより、自分の話術が高まっていきます。

気になる点というのは、たとえば、会話中に頻繁に「あの～」や「ええと」と言ってしまう人がいます。無意識なのか口癖なのか、いずれにせよ聞き手にとっては情報価値のないノイズです。また、読みにくい文章と同じで一文が冗長な方も多いです。他には、話しながら手指を揉んでしまう方、目線が泳ぐ方（怪しい…）、姿勢が不自然に前傾（猫背）な人もいました。あと意外と多いのが怒っているような表情やしゃべり方の人です*。

そして最後に、若い先生に時々見られる「他人の不幸を笑う」という癖について注意喚起しておきます。相談者が自虐的に冗談交じりで自分の失敗や損害を語るときに、釣られて笑ってしまう人がいます。また場の雰囲気を和ませようとしてニヤニヤしたりクスリと笑う人もいます。しかし、それは顧客を傷つけ不快にする危険を伴う行為なので、そういう癖を洗い出すことも大事です。

特に経験が浅いうちは空気が読めていないので、笑うべき場面なのかどうか見極めが難しいです。したがって、自分の挙動を客観視する練習が必要なのです。

これら気になる点を改善することで、あなたの話し方は一段階レベルアップすることでしょう。

自分の録音データを音声で聞いてみるというのも悪くないのですが、情報量の多いビデオの方がトレーニング効果は高いです。

辛いかもしれないけど

私の事務所では若手弁護士に対して様々な営業トレーニングをしていますが、弟子たちが一番嫌がるのが、このビデオを用いた研修です。

自分の話術に自信がない、欠点が多すぎて落胆してしまうかもしれない、どう改善したらよいかわからない…など様々な理由でこの研修を苦手とする若手を何人も見てきました。

しかし、話術に自信がない人が顧客獲得を満足にできるわけがありません。最初は辛い思いをするかもしれませんがやっているうちに慣れていきます。怖がらずにまずは挑戦しましょう。

＊普通に喋っているつもりでも、弁護士は怒っていたり威張っていたりするように見えることがしばしばあるようですので注意しましょう。

顧問弁護士の心得

自分のトークを見たくないと言ってはいけない。なぜならそれは、あなたが毎日他人に見せているものなのだから。

09

身だしなみを整えよう！

意外と時間がかかるけど、第一印象をよくするためには絶対に必要なこと

第一印象は全てを決める

2-02でも書きましたが、ビジネスにおいては第一印象が全てを決めます。第一印象が最悪の相手を後で大好きになってしまうのは少女漫画だけの話であり、営業活動においてそういうことはまずありません。

そして、第一印象を左右する要素は服装だけではありません。素材としての自分自身を美しく改善していくことは、服装のチョイスと同じくらい大事なことなのです。

まずは痩せよう！

私の敬愛するK弁護士（1-07のK弁護士とは別の方です）がある日、印象的なことをTwitter

でつぶやいていました。

「痩せるに勝る美容なし」

これは本当にその通りだと思います。体型や体格に個人差があることはもちろんですが、誤解をおそれずにあえて現実的なことを言うと、ビジネス、特に営業において太っていることで有利なことはありません。他方で自分の健康管理ができない人だという印象を与えるリスクがあります。企業経営者の中には健康にものすごく気をつけている人も多いので、そういう人に対しては特に太っていることは悪印象を与えかねません。

また、ブティックで売っている素敵な洋服のほとんどは、痩せている人の方が似合うように設計されていますので、痩せている方が服の選択肢が増えます。

外見を改善する最大の近道は、痩せることです。

スキンケアを忘れずに！

数年前にニュース番組の取材があり、テレビに出たことがあるのですが、放送された番組を見て私は強い落胆を覚えました。当時の私はニキビ跡だらけのなんとも清潔感のない顔でテレビに出演していたのです。

その後、なんとか肌質を改善しようと色々なことに挑戦しました。食生活を工夫したり、コスメを色々と試したり、エステに行ってみたりもしました。

結局色々と試行錯誤を繰り返しましたが、結局のところ、食事、保湿、UVケア、睡眠という当たり前のところに辿り着き、何年もかけて肌質を改善していっているところです。

数年間の努力の甲斐あってか、最近は少しずつ肌質も改善してきて、私のコンプレックスのひとつとようやくお別れできそうです。最近の私の出演作をYouTubeでご覧になった方には、50過ぎのおじさんの割には頑張っていると思って頂けたら嬉しいです。

痩せるのは頑張れば数ヶ月から1年程度の短期間でできるのですが、肌は短期間では改善しません。何か工夫をしてもすぐに効果を実感することもありません。時間をかけて気長に取り組んでいきましょう。ちなみに男性には髭や鼻毛の永久脱毛もお勧めです。

◇◇◇ ディテールにも気配りを

私は、美容の重要な要素は体型と肌だと考えています。したがいまして、整った体型を得て、肌を綺麗に維持していれば美容としては十分合格だと思います。

あえてそれ以外の要素を挙げるとしたら香りのケアでしょう。人間の印象というのは不思議なもので、見た目がなぜか良くも悪くもあなたのニオイを印象づけることがあります。

特に髪や爪はなぜかその人の香りをなんとなくイメージさせるパーツです。美容室には月に1度くらいの頻度で行くようにして、爪をお手入れする道具を一式買っておきましょう。

また、歯並びにコンプレックスがある人は歯列矯正もお勧めです。私も修習生の頃に

100万円ほど投じて歯列矯正を受けました。

また、リアルに体臭の気になる方は汗腺の治療もした方がよいと思います。体臭や口臭はなかなか人が指摘してくれない点でもあるので、自分で気をつけて意識的に改善していく必要があります。

美容は一度軌道に乗ると美意識が育っていき、あとは自然となんとかなります。

顧問契約を獲得するのにそこまでお洒落する必要があるの？　と思う方もいるかもしれませんが、第一印象が全てを決めるのです。

美容も、顧問契約獲得のための重要なツールである。

Column 2

落ちこぼれ営業マンだった私

私は大学を出てから数年間、不動産の営業マンをしていました。ビルのテナント営業や注文住宅の営業など、色々な不動産を売り歩いていましたが、営業成績は毎月社内最下位で、売上ゼロの月が何ヶ月も続くことがありました。

当時の私は「自分には営業の才能がないので違う道へ進みたい…」と毎日考えていました。その後３回ほど転職するのですが、どこでも大した成果は出ずに 10 年余のサラリーマン生活に別れを告げ、弁護士の道へ進みました。

そんな会社員時代の私を知っている方は、私が営業について全国各地で講演をしたり、さらには本まで出版するなどとは想像すらしていなかったでしょう。私ですら今でも信じられない思いです。

では、私はいつ、どうやって営業に苦手意識を感じなくなったのでしょうか。

どうやら鶏口牛後で、大企業の営業部では落第者だった私も、商売上手が少ないこの弁護士業界ではトップ営業マンともいえる営業技術を持っているようなのです。

私が PART ２から書いているノウハウは、全て私が会社で教わった営業技術のおさらいです。私の秘伝のノウハウでも何でもありません。むしろ世間の営業マンには常識的なことばかりかもしれません。私はそれを弁護士業にあてはめているだけなのです。

よく土壌を耕し種を蒔き、上手に収穫する。そのハーベストサイクルをきちんと確立すれば顧客は必ず獲得できます。

さあ、いよいよ PART ３はその種蒔きのお話です…。

PART 3

明日マネできる！
顧問先とのリアル出会い方8選

顧問契約獲得の準備は整いました。
次なるテーマは見込み客の開拓です。
顧問先を増やすためには
少しでも多く見込み客と出会うことが不可欠です。
では、その出会いの機会を増やすにはどうしたらよいのでしょうか。
本章ではすぐに実践できる様々な
出会いのテクニックをご紹介していきます。

01

近所の士業先生に挨拶は済んだ？

様々な
他士業との人脈形成は
修行の第一歩！

◇◇◇他士業は企業顧客の貴重な紹介源

弁護士業務において他士業から紹介を受けられるように人脈を開拓していくことはとても重要です。弊所では全顧問先のうちネット集客がおよそ3割ありますが、残りの約7割は知人からの紹介です。そしてそのうち他士業からの紹介もかなりの数があります。

しかし、日頃普通に弁護士業務をしていても他士業との人脈がどんどん増えていくことはありません。

やはり人脈を増やす工夫をしていくことはとても大事です。

まずは近所の士業事務所に挨拶に行こう！

まず私が読者の皆さんにぜひ実践して頂きたいのは近所の税理士や社労士の事務所に挨拶に訪問することです。

これは、人脈を増やすということ以前に、皆さんに飛び込み営業のような経験を一度はして頂きたいからです。

私は新卒で入った会社で営業マンをしていた頃、毎日のように都内の色々な会社に飛び込み訪問の営業をしていました。これは、度胸をつけるという点でもいい経験でしたし、色々な人と会って話をする技術の向上にも役立ちました。人見知りをしない、初対面の人とでも楽しく会話をすることができる素地を、私はこの飛び込み営業で磨いてもらったように思います。

ましてや皆さんは弁護士資格があるのですから、たとえば近所の社労士事務所に飛び込み訪問をしても塩をまかれて追い返されるようなことはありません。

「お忙しいところ失礼いたします。近くの○○にて執務することになりました弁護士の○○です。ぜひ、△△先生に一度ご挨拶させて頂けたらと思い参りました」

などと、ハキハキ挨拶できればOKです。おそらく温かく歓迎してもらえるでしょうし、多くの場合はお茶が出て名刺交換くらいまではいくでしょう。

◇◇◇ いきなり紹介がくることはない

他士業の先生と面識ができても、すぐに紹介がくることはありません。他士業の先生も自分の大切なクライアントを紹介するのですから、やはり皆さんがどんな人柄で、どのような専門分野を持っているのか見極める機会が必要です。したがって、知り合った先生方に自分をよく知ってもらう工夫と努力をその後していくことが大事です。

7-05に紹介する「事務所報」を定期的に送るのもよいでしょうし、Facebookなどでつながって日々の活動ぶりを読んでもらうことは有効だと思います。また、私は他士業の先生方を集めて交流会などを開いたこともありました。

◇◇◇ 自分の顧客へ紹介するソースとしても重要

他方で、皆さんも知り合った他士業の先生についてよく知っておくことがさらに有益です。企業の顧問弁護士をしていると、他士業の先生を紹介して欲しいという相談は実に頻繁にあります。そういうときに、その専門分野の先生を何人も知っていると、そのクライアントに最も合う専門家を紹介しやすくなります。

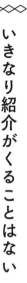

特に多いのは「社労士を紹介して欲しい」という相談です。

会社を経営している人は、顧問弁護士を雇う前にすでに顧問税理士がいることがほとんどですが、顧問社労士がいないことはしばしばあります。会社経営において顧問士業を雇う順序は、税理士が先で弁護士や社労士は後なのです。したがって、社労士との人脈を多く作っていくことはお勧めです。また、社労士は労務問題の案件を紹介してくれる貴重な紹介源ともなります。

ぜひ、シャイにならずに、近所のいろいろな士業事務所に挨拶に行ってみましょう。色々な出会いがあるはずですし、あなた自身も外交的な人に変わっていくはずです。

顧問弁護士の心得

他士業との人脈構築は紹介源を育てる第一歩。特に社労士との人脈構築を頑張ろう。

02

講師の仕事を取りにいこう！

講演会やセミナーの経験は講師料以上の価値があることも多い

講演は顧客との出会いの場でもある

弁護士をしていると、時々、講演会などの講師の仕事が入ります。顧問先の社内研修や、イベントを主催する企業などから頼まれることもあります。こうした講演会に出席していた企業の方から顧問の話がくることもたまにあります。現に、私には何社か東証プライム上場企業の顧問先がありますが、そのうち2社は私の講演会がご縁でした。

とはいえ、講演会から顧問先を獲得できるようになるのはそう簡単ではなく、いくつか乗り越えなければならないハードルがあります。

どうしたら講演会の依頼がくる？

講演を主催する企業の担当者としては、①集客数、②講演後のアンケート結果（受講者満足度）が最大の関心事です。したがって、その2点につき安心して依頼できそうな講師を選定したいのです。裏を返せば、その二つを磨いていくことにより、講師の仕事を獲得しやすくなり、また講演の参加者と良いご縁をつなぐことが可能になります。また同じ主催者から依頼がリピートする可能性も高まります。

まず①の「集客力」では、日頃から様々な媒体に露出をしていることが大事なように思います。ブログやＳＮＳなどをこまめに更新したり（ＳＮＳフォロワー数はかなり説得材料になるようです）、雑誌などに寄稿をしたりと、担当者が企画を通すにあたって稟議書などに添付できる材料があることにより、依頼を獲得しやすくなります。

私が大企業から講演の仕事をどうやって獲得していったかですが、私が利用していた弁護士ドットコムのプロフィールページには執筆や講演の実績を掲載する欄があります。そこに私が書いたものや講演したものを、どんな小さなものでもどんどん掲載していきました。企業の担当者はたとえば、「ＩＴ法務　弁護士　講演」などのキーワードで検索をしたりしていますので、そういうキーワードにヒットしやすくなるように、①プロフィールに講演歴を記載、②ブログなどに講演報告などを掲載、③ＳＮＳでも発信、と、自分の講師としての側面を露出しておくと、依頼が入りやすくなります。実際、講演会を企画する企業の担当者は、人脈経由だけでなくネットで検索をしています。

掲載する実績をどう作るかですが、まずは小さいところからでよいと思います。弁護士会の勉強会や研究会に入っていれば何かの発表機会はすぐ得ることができます。専門性を磨くという意味でも、まずは何かの勉強会などに参加してみるのがよいでしょう。

どうしたら講演会から顧問先を獲得できる?

②の受講者満足度ですが、これはやはり自分の話術と話題(コンテンツ)を日頃から充実させていくしかありません。主催者も受講生も、当然ながら目が肥えている人ばかりですので、講師の話術と話題の両方を厳しい目で見ます。この②の要素は、講師として成功し、顧問先を依頼されるための鍵ではないかと思っています。知らない人の話術というのはなかなか測れないものではあるのですが、動画配信などをするようにしているとそれを見てもらって力量を判断してもらうことも可能だと思います。現に、私のYouTube動画を見て講師の依頼をくださる企業もあります。堂々と人前でわかりやすく喋る技術、これを磨いていくことは法的専門性とは別の差別化要素であり、他人がすぐに真似できないあなたの武器となります。

プレゼン能力を磨くことの重要性

講演においてもうひとつ重要なスキルはスライドの制作です。色々な弁護士の講演をみて失敗しているなと思うのは、パワーポイントのスライドがわかりにくい人です。多くは全ての情報をスライドに盛り込もうとして文字量過多になっているパターンですが、聴衆はあなたのスライドをくまなく読み込んでくれるほど親切ではありません。１００を表示して０が伝わるよりも、30を表示して30が伝わる方がよいのです。限られた時間の中で何を伝えるかの取捨選択、そしてパワーポイントのスライド作成の練習をしていくことも大変重要です。

リハーサルをすることの重要性

講師の仕事をするにあたって重要なのはリハーサルです。慣れてくるといきなり本番でもよいのでしょうが、私も最初の頃は事前に必ず通しでのリハーサルをしていました。講演の完成度を高めるためには、これは必須です。

講演で出会う見込み客のほとんどは一期一会です。その貴重な機会を価値あるものにするためにも、周到な準備をしておくことはとても大事です。

顧問弁護士の

心得

講師の仕事はあなたを成長させる
修行の場であり、人脈を広げる社交場でもある。

03

経営者交流会に行こう!

弁護士にとって
経営者と直接知り合い、
会話できる貴重な場!

多くの企業経営者と出会えるのが経営者交流会

全国の企業の7割は顧問弁護士がいない空白地帯です。したがって、企業経営者が多く集まる経営者交流会に行けば、かなりの確率で顧問弁護士のいない企業の経営者に出会うことができます。実際、私も一時期は経営者交流会によく顔を出していて、そこに集っていた経営者から顧問契約を頂いたこともしばしばありました。

しかし、漫然とそのような会合に行けば顧問先がどんどん増えるかというと、そこまで生易しいものではありません。そこに集まっているのは人を観察する能力に長けた経営のプロばかりだからです。

経営者は何のために交流会に来ているか

都市部では経営者限定のパーティーが結構頻繁に開催されており、ＳＮＳなどで検索すると色々なイベントを見つけることができます。アンテナさえちゃんと張っておけば、交流会の存在自体を見つけることは難しいものではありません。

しかし、交流会に来ている経営者は、決して顧問弁護士を探しに来ているわけではなく、「経営者」という共通項を持つ人たちと経営に関する情報交換をし、また息抜きをし、美味しい物を食べに来ているのです。仕事の欲しそうな面を下げて近づいてくる者に対しては警戒心しか持ちません。

あくまでも自分も経営者の知り合いを作るために、また経営について有益な情報・意見の交換をするために参加しているという意識や自覚が求められます。

ライバルが多いのも事実

経営者交流会は同時に多数の経営者と知り合える場でもあるため、当然ライバルもいます。比較的規模の大きい集まりに行くと、同業者が3～4人いたりして、その中には企業法務などで結構有名な弁護士がいたりすることもあります。そういう場面に出くわすと、これらライバルと能力的な差別化を図ることはかなり難しくなります。しかしそこで尻込みしては顧問先が増えません。臆せず多くの人と会話をし、名刺交換をする工夫が必要です。また、知り合った経営者と有益な意見交換ができるよう日頃から話題の引き出しを増やす努力も求められます。あくまでも、パーティーに行くのはＰＡＲＴ２で紹介した色々な準備ができた後の話なのです。

◇◇◇ 話しかけやすい、話しかけられやすい工夫をする

パーティーなどの場で見知らぬ人に話しかけるのはなかなか勇気がいることです。私も見た目によらず意外とシャイな性格なため、知り合いの全くいない会場で他人に話しかけるのは苦手です。

しかし誰にも話しかけずに帰ってきては単に時間と会費の無駄になってしまいます。

私が過去にパーティーで成功したのは、秘書やイソ弁を連れて行くことでした。一人だと怖じ気づく場面でも、誰かと一緒だと話しかける勇気が出てきます。コンビで参加した方が相手の記憶に残りやすいという利点もあります。特によく飲む人を連れて行くと、会話も盛り上がります。

経験的には「秘書を連れてきた弁護士」というのは結構記憶のフックに引っかかるように思います。多くのライバルは一人で来ているので、この技は特にお勧めです。

交流会で得た人脈を大事に温める

交流会で知り合いが増えたら、その人脈を大事に温めることが大事です。いきなり知り合った人たちに営業攻勢をかけるのではなく、友人として大切にしていくうちにその人が顧客になることもあれば、別の経営者を紹介してくれることもあります。最初はなかなか上手に立ち回れないこともありますが、経験を積んでいくうちに人脈形成術も磨かれていきます。何事も挑戦と経験だなと、これまでの営業経験から実感しています。

経営者交流会での本当の敵は、ライバル弁護士ではなく、自分自身のシャイな性格である。秘書を連れて行くことにより変化が生まれることも。

04

紹介源を温め、育てよう！

よき紹介人脈は
広告に勝る集客ソース
なのである

◇◇◇ 人脈を広げることの重要性

これは私に限ったことではないと思いますが、知人からの紹介というのは弁護士の大きな集客源です。弁護士は営業活動を外部委託することが難しいので*、広告経由と紹介が主な集客源になります。

広告は即効性があり重要な集客ソースではありますが、広告のやり方によっては結構なコストが発生するという悩みがあります。他方で、人脈を形成していくことにはさほどお金がかかりません。また、上手に人脈を育てていくと広告など打たなくても顧問先が増えるようになります。私も数年前から一切の広告をやめました。

上手な紹介源の増やし方

紹介人脈の構築には、まずは紹介源となりそうな人をとにかく増やすことが重要です。前３項目で人との出会い方について触れましたので、それを参考に多くの人と知り合いになり、つながりを持つようにしましょう。ちなみに私は弁護士になってから15年の間に約４０００人の人と名刺交換をしました。その知り合いの中から１００社近い顧問先を紹介してもらいましたので、やはり知り合いが多いことは強い武器です。ここでのポイントは、顧客を紹介してくれそうな属性の人（経営者、士業）との人脈を育てることを意識することです。やみくもに名刺交換をしていてもそれは紹介源を育てることになかなかつながりません。

ちなみに私は、知り合いの中でも特に「顔の広い人」がいたので、その人の参加する会食などについて行って一気に人脈を広げるという工夫をしていたこともあります。

紹介源の育て方

知り合いが増えたら、あなたが紹介に値する人物であるという印象を与え、かつ与え続けることが大事になります。

最も手軽な方法は自分が企業の顧問業務を専門にやっている弁護士であることを印象づける

＊弁護士職務基本規程13条「依頼者紹介の対価」

情報発信をすることです。私は知り合った経営者や企業の幹部の人など、紹介源となりそうな人とは可能な限りFacebookで友人になり、日頃の私の活動状況を見てもらえるようにしています。日頃SNSを見ていない人も結構いますので、そういう方には後にご紹介する「事務所報」を定期的に郵送したりもしています。

また、私は下心抜きで色々な経営者を同時にお誘いして食事会をすることもよくしていました。日々色々な経営者と食事を挟んで意見・情報交換をすることにより自分の成長にもつながりますし、多くの経営者に自分をよく知ってもらうことによって相性のよいご紹介を頂ける可能性が高まります。

また、先に触れた「顔の広い人」とはなるべく接点を増やした方がよいので、会う機会を増やすなどして親密度を高めるとよいです。人脈形成は、人との付き合い方の濃淡の付け方がとても重要になります。

◇◇◇ よくない人脈からは距離を置く

人脈が広がっていくと、決して経営にはプラスとは言えない紹介源が生まれることがあります。なぜか妙に自分のことを気に入ってくれて不思議なくらい色々なお客さんを連れてくる人がいます。

ただ私の経験上、そういう人の紹介は企業の顧問契約のような話ではなく、少額の金銭トラブルや離婚、相続などの専門外のスポット案件だったり、依頼者のキャラクターにクセがあったりするような事件ということもしばしばありました。倫理的に問題のある事案が紛れ込んでいたこともあります。

縁起の悪い紹介源とは勇気をもって距離を置くことも大事です。あなた自身が縁起の悪い人になってしまうと、よい紹介源もあなたから距離を置くようになるからです。

良い縁はなかなか寄ってこない。悪い縁はなかなか離れない。

05

ポータルサイトで集客しよう！

色々な
ポータルサイトを
上手に活用すれば
大きな集客源に

開業直後にポータルサイトへ掲載

私は弁護士４年目に独立をして、その際にすぐ弁護士ポータルサイトの「弁護士ドットコム＊（弁コム）」の有料プランに申し込みました。

当時の私は企業法務を専門にしようと決めてはいたものの、駆け出しのうちは仕事を選べる身分ではなかったのでインターネット関係や不動産関係など、比較的自分でもできそうなカテゴリにプロフィールを掲載してこまめに更新をし、スポットの案件を時々そこから受任していました。

いきなり上場企業から顧問の依頼が

弁コムに掲載してから2〜3ヶ月経った頃、ある日突然、東証上場の有名な企業から顧問の依頼が入りました。意外と企業の法務部の人もネットで弁護士探しをしているということをその時知りました。

駆け出しの弁護士に顧問を依頼する企業があることについては1-07で触れましたが、弁コム経由で短期間に顧問先が順調に増え、開業から5年目には、弁コム経由の顧問先だけで年間の顧問料が１０００万円を超えるようになり、事務所の経営は思いのほか早く安定軌道に乗りました。

弁コムが企業というよりは消費者をターゲットにした集客媒体だと思っていた私にとってこの出来事はちょっと意外でした。運営会社の弁護士ドットコム㈱にとっても予想外だったようで、何度か本社の方が取材に来られました。

何をアピールするか

ポータルサイトは弁護士を探している多くの見込み客が閲覧しますので、問い合わせがくる機会が広がります。他方でライバルも同じ場所に多くいますので、問い合わせを多く受けるた

＊ https://www.bengo4.com/

めには二つの点を注意する必要があります。それは「情報量」と「写真」です。

弁護士探しは企業にとっても重要事項ですから弁護士探しも真剣です。あなたのページに書かれている様々な情報（処理方針、実績、料金など）をもとに問い合わせをするかどうか考えます。特に、料金については必ず明示しましょう。料金が書かれていないと、問い合わせ数が伸びないそうです。

さらには人柄も弁護士選びにおいては無視できない要素です。企業の顧客であってもライティングから窺える人物像がわかりにくいと問い合わせを躊躇します。読みやすい文章で人柄も含めた豊富な情報を掲載することがまず大事です。

次に、写真にもこだわりましょう。スピード写真のような顔写真を1枚だけ載せているような人もいますが、お客様はあなたに会うまではページに掲載されている情報でしかあなたを判断できません。ですから、構図や表情を工夫した写真を載せましょう。また、相談風景がイメージできるよう、会議室や待合室などの写真を載せることもお勧めです。たまに六法全書の写真を載せている人がいますが、あまり意味はないと思います。

また、反響状況を踏まえながら、ライティングを修正するなどの試行錯誤も大事です。掲載したらそれっきりではないということも意識しましょう。

食わず嫌いはよくない

たまに同業者の人から、ポータルサイトで集客しても良い客が来ないとか、掲載料の元がとれないという話を聞きます。しかし、それはもしかしたら十分な試行錯誤が足りないだけなのかもしれません。

確かにポータルサイトの活用には工夫は必要ですが、トライしないのはもったいないです。私はもう弁コムに掲載はしていませんが、私の二人のイソ弁は今も弁コムに掲載をしていて、多くの顧客を獲得しています。

ぜひ皆さんもポータルサイトを活用した顧問先獲得に挑戦して頂きたいと思います。

顧問弁護士の心得

ポータルサイトは今でも顧問先獲得の有力なツールである。反響をこまめに確認し育てていくことも大事。

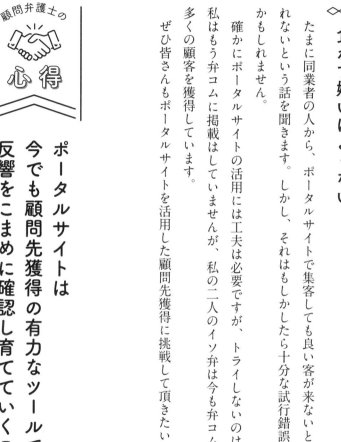

06

事務所のホームページを作ろう！

必ずしもホームページにお金をかける必要はない！

◇◇◇ 顧問先獲得に向けてホームページは必要なのか？

私は開業当初はホームページの必要性について懐疑的でした。私の事務所のような小規模事務所では企業の法務担当者がインターネットの検索でホームページを見つけて問い合わせてくるという可能性は低いと思っていたからです。

そのため、開業からしばらくの間は（3‐05）でご紹介した弁護士向けポータルサイト（弁護士ドットコム）にコンテンツを掲載して、そこで集客活動を行っていましたし、それで十分集客ができていました。

ポータルサイトには載っていない情報も

しかし、企業によってはホームページにどんなことが書かれているかをある程度重視するところもあるのは事実です。実際、私も、見込み客からホームページはないのか、なぜないのかを聞かれることはしばしばありました。大企業からするとホームページすらないような事務所は零細事務所だと思われてしまい、依頼を躊躇することもあるようです。

同様に、職員の求人に際しても、ホームページがないことはデメリットになるように感じてきました。ホームページがないとどんな職場かわかりにくいから応募しづらいということは確かにありそうです。

その後開業から６年ほど経ち、私はようやく重い腰を上げてホームページを作ることにしました*。

大金をかけなくてもホームページは作れる

ホームページを作るにあたり、一旦は専門の業者さんに依頼しました。業界でも評判のあるところに依頼したこともあり、大変デザイン性の高い、美しいホームページができたのですが、残念なことに素人の私には更新などの作業が大変でした。弁護士の入退所や新しい求人情報を

＊ ホームページがないと、ホームページ制作会社からの営業電話がかなりくるので、それもホームページを作ろうという動機付けになりました。

掲載するたびに一苦労で、結局最初に作ったホームページは閉鎖してしまいました。その経験から、自分で気軽に更新できる初心者向けのCMS*の方が自分には合っているのではないかと思うようになりました。

そこでいくつか操作が簡単そうなCMSを検討し、ワープロ感覚で作成や更新ができ、士業で使えそうなテンプレートのあるJimdo（ジンドゥー）というサービスに申し込み、イソ弁にも手伝ってもらいながらホームページ作成に着手し、仕事の合間の片手間でたったの2日くらいかけて概ね完成しました。

ちなみに私が申し込んだプランは初期費用なしで年額1万円程度のもので、今回それ以外の費用はかかりませんでした。写真撮影から記事のライティングまで全て自前でやれば、かなり安く上げることができます。

特に独立当初はあまりお金をかけることはできませんので、顧客が増えて忙しくなる前にホームページを作っておくことをお勧めします。

意外と見られている

ホームページ**を作って公開した後、このお陰かどうかわかりませんが、一部上場企業から立て続けに顧問のご依頼が入りました。また採用も以前より比較的ミスマッチがなくスムーズに進むようになった気がしています。

お金も手間暇もかけずに作った割には結構色々な人に見られているようで、月間PVは1万以上あるようです。

ホームページは顧問先獲得にすぐ直結するものではありませんが、事務所や自分自身に関する情報を充実させておくことは、経営上色々な意味で有益だと思います。

＊ Contents Management System の略。専門的な知識がなくてもウェブ上でホームページの作成や更新を容易にするサービス。
＊＊ https://www.cosmo-law.net/

ホームページはあった方がよい。ただし、お金をかければよいというものではない。

07

Facebookアカウントを作成しよう！

何のためにSNSを
活用するかを
よく考えることが大事

SNSで発信する目的

今の世の中、SNSで情報発信をしている人は多いのですが、こと「顧問契約を獲得したい」という強い願いのある人は、その活用方法については戦略的に考えて活用する必要があります。SNSに投稿をする場合には「何のために」「誰に向けて」発信をするかをよく考える必要があるからです。

しかし、多くの同業者のSNSを見ていると、あまり戦略的ではない投稿も見られます。

SNSがもたらす効能① あなたはどんな人？に答えてくれる

SNSは日々の投稿を通じてあなたがどんな人物なのかを簡単に知ってもらうことができる

ツールです。あなたの魅力、人柄、趣味嗜好などを発信することによって、見込み客があなたを顧問弁護士に相応しい人物かを考える材料が増えます。企業の選択行動において、判断材料が多いことは有利なことの方が多いので、どんどんと情報発信をしていくことはお勧めです。

内容としては、ニュース記事や他人の発言をシェアしても、あなたに関する情報ではありません。またシェアは他人のタイムラインに出現しづらいので、できればあなたのオリジナルな情報を発信するべきです。

そこで私は、自分の日頃の生活に関する情報を写真入りで紹介することが多いです。私は多趣味な人間なので、旅行や音楽、スポーツなど、日々私が取り組んでいることの近況を写真入りでよく紹介しています。そういった日々の日記から、私という弁護士がどんな人物なのかよく見えてくるのだと思います。

SNSがもたらす効能② 忘れられることを防ぐ

また、SNSは知り合いから忘れられることを防ぐという点でも有用なツールです。

私はこれまで約4000人の人と名刺交換をしましたが、そのほとんどの人はもうすでに忘れてしまいました。世の中の経営者の方もきっとそうでしょう。

しかし、SNSでつながっていて、頻繁に投稿をしていると否応にもタイムラインに出現しますので、忘れられる可能性が減っていきます。

また、顔の写った写真を投稿すると顔も忘れられないので、なお効果的です。私はSNSに投稿をする場合にはなるべく自分の顔の入った写真を投稿するようにしています。これは大人になるとよくある「人の顔が思い出せない」という現象を回避することにもつながります。

私もこれまで、結構、昔に名刺交換をした企業経営者からFacebookを通じて顧問の依頼を頂いたことは何度もあります。その方々が口を揃えて言うのは、SNSでつながっていたのでつねに頭の片隅に先生がいました、ということでした。これは、すでに契約している顧問先の方に対しても親近感を持ってもらえるという点でとても重要な効能であるといえます。

◇◇◇ SNSがもたらす効能③　色々な企業経営者の意見などに触れられる

他にFacebookのよいところとして、色々な企業経営者の日常の意見に触れることができ、企業法務に携わる上での様々なヒントを日頃から吸収できるという点があります。

また、あの社長とこの社長が友人だとか、人脈のつながり方も見えてきます。さらに、色々な企業経営者とつながっているとちょっと専門的なことを気軽に聞いてみたりすることもできます。

私のFacebook上の友人のほとんどは企業経営者ですが、それはひとつの財産だと思っています。ぜひ、読者の皆さんも多くの経営者とSNSでつながってみましょう。そこから色々な気づきがあると思います。

ところで、本項目のタイトルのとおり、数あるソーシャルメディアの中でも私はFacebookをお勧めします。

いまだに企業経営者が多く利用しており、実名登録が原則という点からも変なトラブルに巻き込まれる可能性が低いです。

顧問弁護士の心得

SNSアカウントはじっくり長期間育てていくと大きな財産になる。

08

余裕があれば動画配信も！

動画の与える情報量や
インパクトを
侮ってはならない

YouTubeで訪れた転機

私は世の中がコロナ禍に入った２０２０年頃から少しずつYouTubeでの動画配信を始めました。弁護士会の研修や、企業向けの研修動画など堅いものもあれば、友人と趣味でやっている緩いコンテンツまで、色々な動画を配信してきました。

動画を配信するようになって、多くの方が気軽に私の発信するコンテンツを観てくれるようになりました。読者の皆さんの中にも、私のことをYouTubeで知ったという方は結構多いのではないでしょうか。

私の動画は、決して高度な機材や編集技術を用いたものではないのですが、それでも一定の視聴者層に受け入れられ、弁護士業界で全く無名に近かった私も、かなり多くの方に認知されるようになったと思います。

できるところから始めてみよう

YouTubeでの配信を始めるにあたって特に高度な環境は必要ないのですが、できれば外付けカメラとマイク程度はあった方がよいでしょう。あとは編集ソフトですが、私はPower Directorという製品を利用しています。初期投資としては数万円あれば十分です。

ちなみに私の動画の視聴者は主に弁護士です。主に顧客獲得や、弁護士業務の効率化に関する情報発信をしています。

それではお客が来ないのではないかと思われるかもしれませんが、私は集客のために動画配信をしているのではなく、あくまでも情報発信が目的です。YouTuberとして成功したいわけでもありませんし、広告収入を得る目的もありません。単に、誰かが私について知りたいと思った時に、私に関する情報源がYouTube上にもあればよいだけのことなのです。

視聴回数やチャンネル登録数を気にする必要はありません。あなたに関する情報がそこにあること、まずはそれから始めればよいと思います。

動画を見た企業から顧問の依頼が！

YouTubeをやっていて一番驚いたのが、ある日突然、さる大企業からメールがあり、そこに私を顧問弁護士にしたいと唐突に書かれていたことです。私の動画がその会社の中で話題になり、なぜか「この人面白いから顧問弁護士にしようよ！」と役員の間で盛り上がったらしく、法務部の人がその勢いを受けて連絡をくれたそうです。

ちなみに、その動画の内容は、私がテレワークに役立つサービスやハードウェアを一気に紹介するものでした*が、意外と一部のＩＴ業界の人にもウケたようです。「これが弁護士業務に便利なのか」という新たな気づきがベンダー側にもあったようです。

そんなに面白い動画を配信しているわけではないのですが、やはり動画は文字による情報発信をはるかに上回る情報量があり、私がどんな人物なのかすぐわかるという点で優れているのだと実感しました。

また最近は私の名前で検索をすると、私が出演している色々な動画が検索結果に出てきます。弊所との顧問契約を検討している企業の方は結構それをご覧になっているようです。3-05でも書きましたが、判断材料が多い人ほど選択されやすい、とはこういうところでも妥当するのです。

◇◇◇「顧問先獲得」以外にも効用が！

また、最近は事件を受任すると、相手方の先生が私のオンライン講座を受講した方であるということが増えました。交渉に入る前からアイスブレイクができているような感じで、スムーズに話し合いに入ることができるようなことが多いです。

また、弊所の求人に応募してくる方も、ほぼ例外なく私の動画を見てこられるようで、ボスがどんな人物なのかちゃんと知った上で応募するかどうかを決められるという点において、ミスマッチを防止する機能も果たしているようです。

最近は動画配信のための機材やソフトも使いやすい便利なものが色々と増えてきました。慣れるととても簡単ですので、ご興味のある方にはぜひ挑戦して頂きたいです。

YouTubeには初心者向けの動画配信ノウハウをまとめた動画も多くありますので、まずはそういったものを眺めてみるのもよいでしょう。

＊「緊急開催！公開勉強会「弁護士のテレワーク」２０２０年４月15日
https://www.youtube.com/watch?v=zU6PxGPdCOo&t=13s

顧問弁護士の心得

動画の情報量やインパクトは文字による発信とは比較にならない。

Column 3

百杯の酒より…？

サラリーマン時代、上司から教えられた営業の格言があります。

「高橋君、営業の基本は『百杯のお茶より一杯の酒、百杯の酒より一回の風呂』。高橋君、とにかく客と風呂に入れ。それがお客との絆を強める一番の近道だ」。その話を聞いてから30年近くが経ちますが、その格言は今でも私の営業スタイルに大きな影響を与え続けています。

弁護士になって間もない頃、私は知り合ったばかりの知人経営者3人とアフター5に都心の温泉での飲み会を企画しました。仕事終わりに温泉に入って夜景を見ながら飲む一杯は最高で、一気に親睦が深まり、ただの知り合いが突然親友になったような感覚がありました。

その後なんとその3人ともが私を顧問弁護士にしたいと言ってくれました。裸の付き合い恐るべしです。顧問先が突然3社増えました。

また同じ時期に私はある顧問先の法務部長（女性）と温泉企画をしました。その顧問先の職員さん10名程度と秩父に出かけ、ラフティング（川下り）に露天温泉（もちろん男女別浴です）、その後バーベキューと盛りだくさんの企画で、いい思い出になった一日でした。

その数ヶ月後、その会社に社外役員採用の話が出たとき、なんと温泉企画をご一緒した部長が私を候補に推薦してくれました。社内も賛成ムードで、私は初めての社外役員の仕事を頂くことができました。風呂は、同じ湯船でなくても効果はあるみたいです。

その後現在でも私の営業の基本はお風呂です。

私が顧客と頻繁に風呂に行っているというと驚く方も多いのですが、これ以上の親睦深耕のイベントは他にありません。ぜひ読者の皆さんもお試しください。百杯の酒を飲むよりはるかに健康的です。

PART 4

顧問契約に結びつける！問い合わせから顧問契約獲得までのステップを伝授

さあ、顧問契約がどんどん取れる先生になれるまであと少しです。

本章では、問い合わせを頂いた際の聞き取りから事前準備のポイント、初回面談を顧問契約獲得へグッと近づけるためのコツなどを紹介します。

いよいよ具体的な契約獲得技術について一緒に学びましょう！

01

問い合わせの際に十分な聞き取りを！

くれぐれも
丸腰で面談に
臨んではならない

企業の営業と弁護士の営業の最大の違い

私はロースクール時代も、司法試験合格後も色々な法律事務所を見学する機会がありました。そこで不思議に思ったのは、多くの先生は新規の法律相談の予約が入った際に、それがどのような事件なのか、ほとんど聞き取りをせずに面談に臨んでいるということでした。

これは会社で営業マンをしていた私にはちょっとした驚きでした。普通、企業の営業マンは新規の商談の前に相手のことを徹底的に調べて、どのような商品やサービスをいくらで提案するかをある程度考えてから打ち合わせに臨むのですが、私が見学に行った多くの事務所は開口一番「さて、今日はどんなご相談ですかな…」と言う、占い師さんのようなスタイルでした。

個人顧客と企業顧客の目線の違いを意識しよう

このような丸腰営業は、あまり顧客に困っていない経営状況の事務所であれば、それはそれで構わないと思います。しかし、ネット経由の問い合わせなど、顧客が複数の弁護士から適任者を選ぼうと思っているような事案、特に企業法務のように顧客が厳しい選択眼を持っている場合にはあまりお勧めではありません。

個人の相談者は、目の前にいる弁護士にすぐ依頼したいという心理状況にあることが多いのですが、こと企業法務に関してはそうではありません。顧客は冷静に、あなたがその依頼を受けるに値する弁護士かを厳しい目で見ています。問い合わせ時や日程調整を行っているやりとりの中で、案件に関して聞き取りをしていない、していたとしても「債権回収」程度の大雑把な聞き取りでは、逆に依頼者を不安にしてしまうリスクがあります。

したがって、見込み客からの問い合わせが入った場合には、単に面談の日時を決めるだけでなく、どんな相談なのかをきちんと聞き取っておくことが重要です。

ヒアリングシートを用意しよう

問い合わせを受け付ける際、または相談者との面談の日程調整は弁護士が自ら行うこともあれば、事務員が行うこともあります。そこで私は皆さんのよく取り扱う分野に関するヒアリングシートを作成することをお勧めしています。

ヒアリングシートには、当事者（コンフリクトチェックのためにも必須です）、事件の5W1H、これまでに行った交渉の経過、希望する解決方法などについて簡潔に聞き取るもので十分です。一旦これを作成し、追加で聞き取りたいことが出てきた場合には、弁護士が後から電話して追加で聞き取りをすればよいので、受付時に膨大な事実関係を聞き取る必要はありません。ヒアリングシートのサンプルは7-01にひとつ例を掲載しましたが、すでに他の弁護士に相談したことがあるならその弁護士の見解や、相談者側で調査した資料の有無なども聞いておくことによって、次の項目で触れる事前調査の質が変わってきます。また依頼者としてはどのような処理方針を現時点で希望しているのかも重要なポイントです。

◇◇◇「詳しいことは会ってから話したい」という人もいるが

相談者の中には「詳しいことは先生に会ってから話したい」という人がいます。事案が複雑で電話やメールでは上手に説明できないケースや、相談者自身が話すことがあまり得意ではなく、すぐに物事を整理して説明できないような場合もしばしばあります。

そのような場合でも「ご相談内容によっては即答できないこともありますが、事前に情報を頂ければ法令や判例を検討しておくことができますので、今お話しできる範囲で結構ですのでお話ししてください」と言って、最低限の情報を相談前に聞き取っておくべきです。このプロセスは事前に情報を得るという点からもベターですし、相談者と打ち合わせ前から心理的距離を縮めることができるという点でも優れています。

相談者によっては複数の弁護士に並行して問い合わせをする人もいますが、比較的密度の高いヒアリングを問い合わせ時にしておくと、もうそれ以上他の弁護士に問い合わせをしなくてもよいという気分になります。そういう点でも問い合わせ時に十分な聞き取りをすることは競合を減らすという意味でも望ましいです。

顧問弁護士の心得

商談のためにきちんと準備をしようという姿勢が企業顧客から信頼を勝ち取る第一歩。

02

初回面談前にやっておくこと

事実関係と
関連法令の調査、
処理方針と見積もり

初回面談前にやるべきことは多い

相談者との初回面談を実りあるものにするためには、事前にやっておくべき作業がたくさんあります。事件を処理する際には、目指すべき解決のゴールがあるのと同様、見込み客との打ち合わせにおいてはあなたにとってのゴールがあります。その一番重要なものは、そうです。その企業から顧問契約を獲得することです。したがって、面談に臨む弁護士は相談案件の解決に向けた方針を考えるのとは別に、どうやったらその会社の顧問弁護士になれるのかも並行して作戦を練っていく必要があります。

まずは事実関係の調査を

初回面談前に、私は当該事案に関してできる限り裏付け調査を行います。相談者もうろ覚えなことは結構多く、また全ての事実関係を把握しているわけではありません。登記を調べたり地図を確認したり、事故の相談であれば現場を見に行ったりします。また相談者から事前に可能な範囲で契約書などの資料をお預かりし、それを打ち合わせまでに一通り目を通しておきます。この作業をしないと、貴重な初回面談の時間の多くをヒアリングに費やさなくてはならなくなります。

関係法令や判例を調査する

事実関係が把握できたら、次に法令・判例を調べましょう。世の中の全ての法令や判例を丸暗記している弁護士はいませんし、企業法務の相談は専門的な分野に関するものも多いので、普段あまり馴染みのない法律（たとえばフロン法など）に関する相談が来ることも多いです。併せてそのビジネスに関する知識も多少インプットしておく必要があります。また、私はわかりやすい例示を用意するようにしていて、似たような事件などが過去にニュースになっていなかったかを調べ、そのニュース記事などもクリップしておくようにしています。

助言内容や処理方針を考える

相談内容が単に法的助言を求めるものであれば、これまでの調査で到達した結論を整理しておきます。紛争処理に関する相談であれば、手続きの選択肢や費用感について整理しておきましょう。

さて、すでにおわかりかと思いますが、ここまでの作業を初回面談の席上で全て行うことは難しいですよね。だからこそ、事前準備が大事なのです。

その会社についてのリサーチを怠らない

さて、事件処理方針についての準備が終わったら、次はその相談企業に関する情報を可能な限り集めましょう。私は都内であればその会社の建物を見に行って雰囲気を眺めたり、その会社の商品を実際に購入してみたりします。

またここ最近その会社が出したプレスリリースを読んだり、何かメディアで社名が露出している記事がないかを一応チェックしておきます。そんなに有名な会社でない場合でも、その会社をとりまくマーケット動向はある程度知っておいた方がよいので、会社四季報などでその業界についての大まかな知識を入れておきます。

結構ありがちなのが社長の名前を言い間違えることなので、念仏のように「○△社長、○△

社長…」と暗唱したりすることもあります。

とまあ、面談の前にできるリサーチは意外とたくさんあるのですが、ライバルとなりうる多くの忙しい弁護士はそういう調査をする余裕はなかなかありません。

だからこそ、なんとか時間を作って本稿でご紹介したリサーチをきちんとやっておけば、複数の法律事務所を同時並行で検討している見込み客にも、かなりの差別化要素を示すことができるのです。

そして、その事前準備のクオリティが高ければ高いほど、あなたが言い出さなくても、先方が、あなたを顧問弁護士にすることを意識し始めます。

企業顧客は、あなたが面談前にどのような準備をしていたか、していなかったかをすぐに見破る。

03

初回面談時にやるべき報告・提案・誘導

初回面談は
インプットではなく
アウトプットの場

◇◇◇ 十分な準備ができたからこそ

すでに述べたように、企業法務の面談にあたっては事前の準備が大切です。そして、十分な事前準備ができていれば、面談の場でいきなり本質的な内容に入っていくことができます。裏付け調査を行っていれば依頼者の事実関係に関する誤解も解消した上で解決方法についての提案を行うことができますし、当該事案に関連する法令や判例の調査も行った上での面談になるので面談のクオリティが何の準備もしていない場合に比べて格段に高まります。

◇◇◇ まずは事前準備の内容を報告

昔ながらの法律相談は、まずは事実関係を依頼者から聞き取ることでした。

しかし、企業法務においては、特に競合の存在が窺える場合にはそれはプレゼンの場でもあります。その面談に向けてどれだけ準備をしていたかが問われます。これが個人と企業の顧客属性の大きな違いです。

面談の序盤では、まずは事実関係のおさらいをします。あなたが事前に相談者から聞いている事実関係と、その後の裏付け調査で新たに判明した事実などを整理して、その日の打ち合わせの共通土台を確認します。このプロセスで依頼者から追加の情報が出てくることもあるのでそれも見逃さないようにしましょう。

処理方針についての提案

そして、十分に整理された事実関係を前提に、執りうる処理方針について選択肢を示します。一旦依頼者側で交渉を継続して弁護士は後方支援にあたるか、代理人として交渉にあたるか。または裁判にする場合はどのような手続き選択をするか。そしてそれぞれの場合に要する時間と費用の見通しや成功の可能性などについて説明します。この説明も処理方針ごとの比較検討がしやすいようによく整理しておく必要があります。

ビジュアルエイドを上手く使おう

また、多くの弁護士に見られる現象として、この報告や提案がわかりにくい人が多いようです。私は事前調査の内容を5～10ページ字程度のスライドにして会議室にある大型モニターに映して説明したりしていますが、持参した文字だらけの資料を朗読するだけの先生もいるようです。確かに企業の法務担当者は一般個人よりは法的知識があるので、理解能力は高いです。しかし他方でプレゼンを受けることにも慣れているので、稚拙な説明には厳しい目で評価せざるを得ません。スライド作成の練習は企業を顧客にするためには必須のスキルです。また会議室にモニターがない人は今すぐ買いましょう。

◇◇◇ 顧問契約への誘導も忘れずに

十分な事前準備ができていて処理方針も費用も明確になると、おそらく多くの企業はあなたにその案件を依頼したいと言うはずです。

しかし、あなたの目標は顧問契約を獲得することであって、一回限りのスポット契約が欲しいわけではありません。処理方針を示す場合にも、顧問契約として受任する形での契約方式を提案するとよいでしょう。

私はあまり大きい事件でなければ、半年間の期間限定の顧問契約という形式でスポットの事件を受任することが多いです。その間に結果を出せるよう全力で頑張ります。顧客に合わせたITツールを活用し円滑な顧客とのコミュニケーションを図る、企業法務に特化した専門性を活かす、各クライアントをチームでサポートするスピーディなレスポンス、そういったひとつひとつこそが、顧客に評価される「頑張り」です。

そのような仕事の進め方を眺めて頂いていると、スポットのつもりで仕事を依頼した顧客も、やがて息の長い顧問契約を意識するようになりますし、そのスポット案件以外のご相談が出てきたりもします。そして、予定されていた期間が満了し、もうこの弁護士に相談ができなくなると思うと、更新を考えてくれる顧客はそれなりに現れます。

まずは、事前調査の報告・方針の提案をしっかりこなし、案件の依頼から期間限定の顧問契約に導くことを目標にしましょう。初回面談を、顧問契約締結の商談の場に変えるのです。

顧問弁護士の心得

スポットの相談者となるか、顧問先となるかは、あなたの準備と提案しだい。

04

初回面談を「面談」で終わらせない

簡単な調査や
書面作成を行うと
そこに小さな感動が

◇◇◇ 初回面談における真のゴールを意識しよう

初めての相談企業との面談における ゴールとは何でしょうか。それはその面談のテーマであるスポット案件を受注することではありません。あなたがその企業の顧問弁護士に相応しい人かもしれないという印象を可能な限り相手に持たせることです。これに成功すればその初回面談で顧問契約が獲得できることもありますし、そうでなくてもその後、比較的早い時期にそういう商談の設定がされることもあるでしょう。

◇◇◇ 進捗があることの心地よさ① その場で調査!

前項目で触れたように、私は初回面談前に基本的な調査や方針検討を行った上で相談者に会います。したがって、ヒアリングに要する時間も短縮できますので、1時間の枠の中でも少し進んだ話をする余裕ができます。

たとえば、事前に把握できていなかった情報を面談で相談者から聞き取った場合、それを手がかりに更なる調査や事実関係の確認が可能なことがあります。典型的なものとしては、登記情報、特許や商標、ドメインの登録情報など、オンラインで調査可能な事実関係です。意外と企業の方もそこまで調べていなかったりしますし、オンラインですぐ調べられるということを知らない人も多いです。事案を検討するための情報がその場で充実できるというのは結構喜ばれます。

もう10年ほど前ですが、ある企業の法務担当者がインターネット上の発信者情報開示に関するご相談で来所されたことがありました。すでに別の先生に依頼しているが、なかなか進まないので人づてで私に辿り着いたそうです。私は打ち合わせ開始から20分くらい、海外の有料データベースなどで技術的な調査を行い、発信者の住所氏名を特定しました。事件の相談に来たつもりが、事件が解決してしまったのです。まさに推理小説でいう安楽椅子探偵*のようですね。ちなみにその会社はいまでも私の大切な顧問先のひとつになっています

＊現場に赴くなどせずに依頼者から与えられた情報のみを頼りに事件を推理する探偵。

進捗があることの心地よさ②　その場で起案！

また、すでにある程度の調査が進んでいて、事案が把握できていると、受任通知などの簡単な通知書はその場でさっと起案できることがあります。私は面談中に受任通知や弁護士会照会申出書、役所への情報公開請求書、他にはプロバイダへの通知書などを起案したりします。

これは、相談者にとって依頼した後の世界をビジュアルにイメージしてもらえるよい方法ですし、仕事の速さを印象づけることにもつながります。

宿題にしないことのメリット

中小企業の経営者へのアンケートで、弁護士に対して持たれている不満の上位にあるのが「仕事が遅い」というものでした。ベテラン経営者であればあるほど、弁護士は仕事が遅いという印象を持っています。それが、面談のその日に何らかの進捗があるというのは、新鮮な印象を持たれるようです。私も、色々な経営者から「その場で起案する弁護士を初めて見た」と言われ、そのまま顧問契約に至ったことは何度もありました。

確かに、「後で調べておきます」「後で起案しておきます」ということは弁護士業務で多いのですが、極力それを減らす工夫は大事です。この「後で」を「今やっちゃいましょう」に変えられれば、そこに依頼者にとって爽やかな感動を生むかもしれないのです。

面談は何のためにあるかを改めて考えよう

初回面談は何のためにあるのでしょう。

哲学的な問いのような気はしますが、あなたにとっては顧問先企業を増やすための重要な節目なのです。相談を聞いて回答して、それで終わりではないのです。あなたが目の前にいる経営者の顧問弁護士に相応しい人であることをアピールするまたとないチャンスなのです。

ぜひ、充実した面談を行える工夫をしましょう。

顧問弁護士の
心得

初回面談は、強烈な第一印象を与える
最初で最後の機会。

05

「スポット契約ではなく顧問契約で」と思わせる

スポット契約を断ると顧問契約になることが実際ある

相談者は顧問契約の商談に来ているわけではないが…

初めてあなたの事務所へ法律相談に来る企業の経営者や法務担当者は、多くの場合、顧問契約の商談ではなく、単発の案件で相談に来ているのではないでしょうか。

もちろん、企業顧問の経験が豊富である程度知名度が上がってくると、最初から顧問契約前提でお話が来ることはあります。私も最近はそうなりましたが、最初からそうだったわけではありません。駆け出しの頃は、単発案件の相談者を上手く顧問契約に誘導していく努力や工夫が必要です。

「顧問契約」という形態でスポット案件を受任する

私は弁護士5年目あたりから原則として顧問契約以外での受任をしなくなりました。スポット案件でも毎月5万円の顧問契約で受任していたのです。スポット契約の場合は案件によって料金が上下しますが、顧問契約の場合は費用が固定になるというのはサブスクっぽくて意外と受け入れられました。企業からみれば契約書のタイトルが「委任契約」か「顧問契約」かはあまり大きな違いではありませんし、料金を着手金と成功報酬に分ける伝統的な料金形態ですと、成功報酬の額や発生する会計年度が読めないため法務関連の予算管理に不確実性が出ます。

また「顧問契約」にした方が他の事件や案件についても相談できるオマケがついています。心理的なハードルは高くありません*。そして顧問契約の特約で、当初の相談案件だった訴訟などの事件を無償としたり、一定期間の解約禁止条項をつけるなど、お互いに極端な有利不利が生まれないように細かい条件を追加して受任していました。

もちろんその訴訟が終わると顧問契約を解約されたりすることもあるのですが、頑張って解決ができるとそのまま契約を続けてくれる企業も結構あり、それが今の私の大切な顧問先群の一角を形成しています。

＊すでに顧問弁護士がいる会社の場合、「浮気」のような感じがして若干の抵抗を覚えることはあるそうです。

「顧問契約」と「スポット契約」にサービスの差をつける

また、私は顧問契約とスポット契約でサービスレベルにかなりの差をつけています。顧問契約の場合は、365日24時間、私が起きている限りいつでも連絡可能です。LINEのIDなど捕まりやすい連絡先情報も共有しますし、打ち合わせなども優先的に入れるようにします。スポット案件の場合は相談のチャネルや時間が限定されます。

顧問契約をすることは、費用的な面よりも利便性の面でメリットがあるという点をよく説明することによって相談者もだんだん顧問契約に気持ちが傾いてきます。

多くの企業にとって顧問料は大した負担ではないはず

中小企業が弁護士に顧問を頼んだ場合の顧問料の相場は月5万円です。売上が2億を超えてきた中小企業であれば、決して負担感を覚える金額ではありません。むしろそのくらいの規模になってくると顧問弁護士がいた方がよいので、この規模の会社の経営者は「いい人がいれば」と考えていることが多いです。スポットの相談に来た弁護士が、思いがけずいい人だという印象を与えられれば、スポット契約でなく顧問契約でという誘導をすることはさほど難しくありません。そのためにも、本章でご紹介した初回面談で好印象を与える様々な手法を参考に、読者の皆さんが自分なりの洗練された面談の運営を行えるようになって頂きたいと思います。そして顧問契約を決断させるあなたなりの決め台詞をいくつか用意しておきましょう。

たとえば「そこまで会社が大きくなったらそろそろ顧問弁護士がいた方がいいのでは」や「社内の誰にも相談できないような話を相談できる相手がいた方がいいですよ」など、「実は自分もそう思っていたんです」と相手に言わせるような振り方を研究しましょう。

すぐ顧問契約ができない企業もある

もちろん、すぐに顧問契約ができない事情のある企業もあります。上場企業など会社が大規模すぎて根回しなどの社内調整に時間がかかる企業や、すでに他の顧問弁護士がいる企業など、様々です。そういう事情があると判断される場合には、無理に顧問契約をプッシュしすぎて商談をブレイクさせる必要はありません。そういう場合はまずは小さいスポット案件を受任し、信頼関係を築いていきながら機会を窺うべきでしょう。

スポット案件を顧問契約に誘導するのは決して曲芸ではない。

Column 4

忙しいときこそマナーが大事

人は仕事等で忙しいとき、つい心の余裕を失いがちですが、その様子は実に他人からよく見えます。

どんなに忙しくても、歯を食いしばって、礼節を保つこと、それこそが経営者に求められる、心のあり方です。

忙しさから過度にイライラして、同僚への対応が雑になり「俺の時給をいくらだと思っているんだ」「なんでそんなことまで俺がやらなきゃいけないんだ」と、普段だったら言わないようなきつい言葉が出てしまった経験はありませんか。

実はまさにその瞬間こそが、周囲からの信頼を失うときです。

私も若い頃は、忙しいことを鼻にかけていることがありました。しかし忙しいから他人に対して見苦しい態度をとってよいことにはなりませんよね。この頃は、知らず知らずのうちに大事な仲間や顧客を失っていたかもしれません。

読者の皆さん。忙しいとき、あなたは他人から見られています。そして、その瞬間こそが、あなたに対する他人からの評価が決まるときなのです。

人に対する評価は、いくらお金を儲けたかだけでは決まりません。お金、それはそれで大事ですが、大きな要素ではありません。

大金を稼いでも尊敬されない人はたくさんいます。

しかし、礼節を重んじて、軽蔑される人はいません。

忙しいのは悪いことではありません。しかし、その忙しい様子が他人からどう評価されるかは、あなたのふるまい方次第なのです。

PART 5

リアル失敗談から学ぶ！
私は「コレ」で獲れませんでした…。

弁護士業界では営業上手といわれるようになった私ですが、
実はこれまで色々な失敗をしてきました。
失敗は成功の糧ともいいますが、
読者の皆さんにはなるべく失敗してほしくないので、
恥ずかしながら私の失敗談を少しご紹介します…。

01

「異業種交流会で名刺を配る」

種を蒔くことは
大事だけど、
望まぬ芽吹きが
あふれるかも

異業種交流会が営業の役に立ったことがない

時々「異業種交流会」なるものに誘われることがあります。しかし、私はこの類いの集まりで顧問先ができたことは過去に1度もありません。比較的営業は得意な私でも全然仕事が取れないので、異業種交流会は少なくとも企業顧問契約の獲得の場としては効率が悪いようです。

誰が何のためにやっている交流会なのかをよく考えよう

異業種交流会は、文字通り様々な業界の人が人脈を広げるための会のようにも見えますが、主催者にはそれぞれの思惑があります。主催者企業の集客や宣伝のため、参加費による収益を目的としたもの、地域の中小企業の結束を高めるためなど様々です。少なくともあなたに顧問先を作るために開催されるものはありません。つまり主催者の狙いとあなたの目的は最初から合致していないのです。

どんな人が参加する会合なのかよく考えよう

私はある異業種交流会で苦い経験をしたことがあります。古い社労士の友人に誘われてホテルの宴会場で開かれた大規模な会合へ参加したときのことでした。そこでは司会の号令でとにかくたくさんの名刺を交換するよう促されます。まだ弁護士登録1年目だった私はその場の空気に押されて本当に多くの人と名刺交換をしました。名刺をもらった人が誰で、どんな人だったか覚える余裕もなく会合は終わりました。手には見知らぬ人数百人の名刺が残りました。

大変だったのはその翌日からです。会合で名刺交換をした人から凄まじい勢いで営業の電話やメール、郵便物が来るようになったのです。特に多かったのは生命保険や投資用不動産の営業でした。受信トレイに何十通も営業メールが届き、それだけなら無視すればいいのですが、事務所にも次々と営業の電話がかかってきたので、事務員たちにも迷惑をかけてしまいました。そう、会場にいたのは、私と同じように仕事に飢えた人たちだったのです。

失敗は続く…

その後、ある大手金融機関が主催する異業種交流会があると誘われ、懲りない私はさすがにそこでは前回のような失敗はないだろうと思い参加してみました。これも都内の豪華ホテルで開催され、招待客もそれなりの大企業の人が多いということで少し期待はしていたのです。が、結果的にここからの収穫もありませんでした。

その会合は二部制で、金融に関する勉強会を第一部、食事会を第二部とするものでした。多くの人はその講演とその後の料理を楽しみに来ている人だったのです。参加目的を達した人たちに声をかけても反応は鈍く、会話がはずみにくい雰囲気がありました。

また確かに大きな企業の人は多かったのですが、法務畑の人は少なく、弁護士の顧客開拓の人脈源として希望がある感じではありませんでした。

◇◇◇ 名刺をまく場所のチョイスが大事

よく、種を蒔くことは大事だと言われます。私にもかつて名刺交換をした色々な経営者から思いがけず顧問の依頼が来ることがあります。したがって、人と出会う機会を少しでも多く持つことは大事です。

ただ、名刺を配るための時間も有限ですから、無駄な時間を消費しないよう、どういう会合なら参加するか、どういう会合は避けるのか、よく考えて行動すべきです。人がたくさん集まる場所ならどこでもよいというわけではないのです。

やはり、顧問先となり得る企業の経営者またはその紹介源となりそうな人が多く集まりそうな会合をチョイスすべきです。そう考えると異業種交流会でも経営者に限定したような会合が最もお勧めです。士業の交流会もよいという人がいますが、開催頻度や集まる人数を考えてもやはり経営者限定の会合が鉄板だと思います。これについてはまた別の失敗談（5-04）もありますが…。

そのような判断力を養うためにも、私のように多少は失敗を経験した方がよいかもしれませんね（笑）。

顧問弁護士の

心得

種を蒔く畑はよく考えて選ぼう。

02

「古典的な営業手法を盲信する」

みんながやってる
年賀状は
本当に効果的か？

年賀状は営業ツールとして意味があるのか？

弁護士になってから驚いたのは、実に多くの先輩弁護士が大量の年賀状を毎年色々な人に送っていることでした。年賀状を送る枚数を自慢している先輩を何人も見てきました。それらの先輩によると、毎年大量に年賀状を送っていると、その中から仕事の依頼が来ることがある、ということのようです。

確かに私も弁護士登録後の2度の正月には知り合った人たち数百人に年賀状を送りました。確かにその中から顧問契約になった会社が1社ありました。しかし、冷静に考えて年賀状は営業ツールとして効果的なのでしょうか？　また、契約となった1社も、決め手は年賀状だったのでしょうか？

年賀状は縁起が良い？ 悪い？

ある年の新聞朝刊に、郵便局の職員が年賀状の販売ノルマに苦しんでいて、ノルマ達成のために自腹で年賀状を購入しているという記事を読みました。なんと年賀状を売る側であるはずの郵便局員が、年賀状を自爆営業*で買っているというのです。現在は自爆営業のようなことは改められていると思いたいですが、「無理をさせられている人たちを思うと悲しい気持ちになる。正月からそんな縁起の悪い物を知り合いに送るのはやめよう」と思った私はそれから年賀状を1枚も出していません。

しかし、それまでに2度送った年賀状で私は10万円以上のお金と数時間の作業を無駄にしてしまいました。今思えば、それで何か仕事に役立つガジェットでも買った方がよほど有意義でした。

年賀状は費用対効果が悪い

年賀状の良くない点は他にもあります。年末の多忙な時期にその作業をしなくてはならないということです。年賀状の印刷、送り先の精査など、自分でやるにしても事務員に手伝ってもらうにしても、大量の手作業が発生します。

*従業員が自己負担で自社の商品を購入し、売上を上げること。厳しい売上ノルマの強要の結果、起こる場合が多い。

また、私は自分に届く年賀状に全く目を通しませんが、企業経営者の多くもそうだと思います。年始も年末同様に多忙ですから、仕事に直接関係ない何百通もの郵便物を企業経営者が読むでしょうか。読みませんよね。

手間暇をかけてお金もかけて、大量に送った年賀状は、結局のところただの燃えるゴミになるのですから、本当に費用対効果が悪いと思います。

◇◇◇ 他にもある「レガシー営業」

年賀状の他にお勧めしない古典的営業手法は「年末年始の挨拶回り」です。最近はあまり見かけなくなりましたが「年始挨拶」とスタンプを押した名刺を持って取引先や見込み客を回る営業、これはもう今の時代にはそぐわないです。同じく手ぬぐいを持って回るというのもやめましょう。1月に仕事をしていて忙しいときに何の用事もアポもなくやってきた人から手ぬぐいを渡されても嬉しいと思う人はいません。

他には、新聞の3行広告なども顧問契約獲得の広告手法としては意味がありません。新聞社とのお付き合いなど特別な事情がない限り不要です。

私が住宅の営業をしていた頃、見込み客の誕生日にバースデーカードを送っていた営業マンがいました。意外とそういうのが刺さる人がいるそうなのです。しかし企業顧問契約の獲得を目指す営業活動としてはちょっとやりすぎかなという気がします。

古典にもよいものはある

他方で、古典的なものとしては、私はクライアントの法務部職員の方が結婚をする際には、事前にご了解を得た上で式場に祝電を送るようにしていました。お正月の挨拶などとは異なり、個人としての特別な機会に関わりを持ったということは結構記憶に残るもので、「忘れられないこと」という営業の大原則からもこれはお勧めです。

顧問弁護士の心得

時代の変化とともに営業スタイルも変化する。「先輩が皆やっているから」は、自分もそれをする理由にはならない。

03

「紹介客を断れない」

ありがたいとされる
紹介客は
本当に良い客なのか？

◇◇◇ ご紹介を頂くのは確かに嬉しいが……

3-04で紹介源を育てることの重要性について書きましたが、同業者を見ていてよく思うのが紹介客で苦しんでいる人たちです。

確かに弁護士の集客源として紹介客は大事です。弊所でも顧問先の7割はご紹介で得た顧客です。しかし、紹介客の中には一定割合で相性の良くない顧客があります。なぜかミスマッチが多いのは実は紹介客なのです。

◇◇◇ ネット経由よりも紹介客の方にミスマッチが多い

ネット経由で来る顧客は、あなたのホームページやポータルサイト上の経歴、専門分野、解決実績や料金などをよく読んだ上で問い合わせをしてきます。他方で紹介を通じて来る顧客は、あなたに関する何の事前知識もないまま面談に訪れ、「○○さんのご紹介なので全部お任せします」と言い出したりします。そこにミスマッチの原因がありそうですよね。紹介者の信用と、あなたの能力・専門性は無関係です。しかし「顧問契約」の商談になりますと、弁護士は判断が鈍りやすいのです。弁護士は顧客が欲しいですし、特に安定収入源である顧問契約は喉から手が出るほど欲しいです。そこで、目の前にいる社長と自分の相性をよく考えずに「関係構築はこれから考えればいいや」と安易な気持ちで顧問契約をしてしまうことがあります。

◇◇◇ミスマッチな顧問先からの依頼はとても辛い

顧客ニーズとあなたの能力や人柄がミスマッチしている場合に、苦難が訪れます。特に顧客が過度の期待をしていたり、見当違いの弁護士活用法を考えていた場合です。

たとえば、グレーなビジネスについて適法だという意見書を書いて欲しいとか、営業に同行して「長年の顧問弁護士」と嘘をついて欲しいとか、色々ときわどい依頼をしてくる社長がいます。こういう依頼を受け続けていると、だんだんダークサイドに自分が染まっていきます。

最初からそういう人だとわかっていたら断っていたのかもしれませんが、色々とその社長の悪だくみに巻き込まれていくとなかなか抜けられないこともあります。すると、やがて自分も本当のダースベイダーになってしまうのです。

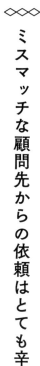

そこまで酷い社長でなくても、自分には解決できないような難題を当然解決できると信じて顧問を依頼してくる会社があります。やはり、顧問契約を締結する際には、本当にその契約が企業にも自分にも意味があるものなのかをよく吟味する必要があります。

私も駆け出しの頃は、そういう危なっかしい企業からついつい顧問の依頼を受けてしまったり、過度の期待をしている顧客から依頼を受けたりしたこともありました。そういう顧客に限って関係を解消するのに苦労しました。

そして紹介者は得てしてそういうときには無責任です。地雷客を紹介したことの責任を取るわけにもいきませんし、単に気まずい関係が生じるだけの結果になります。

◇◇◇ 紹介客を特別扱いする理由はない

よく「紹介客を断ると紹介が来なくなる」という人がいます。

しかし本当にそうでしょうか。ミスマッチな会社と顧問契約を結んでしまい結果を出せないことの方が、紹介者の顔を潰すことにつながると私は思います。紹介客を断ったくらいで今後紹介をしてくれなくなるような紹介源は勇気をもって切って大丈夫です。

お客さんの断り方は、とても奥が深いテーマです*。私が顧問契約を断る場合には、「顧問先が多すぎて手一杯で」または「ご商売が私の専門分野とかなり違う」、「自分のメイン顧客と市場で競合し得る」などを理由としています。顧問契約を断る勇気も時には大事ですが、その場合には、面談に来てくれた相談者やその紹介者の心情にも一定の配慮は必要です。ですので「事業に違法性がありそうだから」や「経営者の性格が気に入らないから」のような本当の理由は言わないようにしています。

ともかく、この本に書いてあることを実践すれば、質の低い紹介源を残しておく必要性は全くありません。

紹介客を断れない理由には、表向きには紹介者との良好な関係を維持したいなど一見もっともらしいものが挙げられますが、そんなドグマに囚われる必要はありません。どんな人からの紹介でも、断るべきときには断りましょう。

＊断り方について詳しく学びたい人は『新版　若手法律家のための法律相談入門』（中村真、学陽書房、2022年）に断り方だけで31ページの解説があります。

紹介客を断る勇気のない人は、やがて自分で自分を苦しめることになる。

04

「経営者交流会で沈む」

戦略なしに
飛び込んでも
得るものはない

◇◇◇

「経営者交流会」に行けば顧問先が見つかるわけではない

3-03でご紹介した通り、経営者交流会は顧問先の見込み客を見つけるにはとても手っ取り早い機会のように思えます。5-01で触れた営業マンだらけの「異業種交流会」とは異なり、何しろそこに集まっているのは企業の経営者ばかりだからです。

しかし、駆け出しの頃、甘い気持ちで色々な経営者交流会に参加していた私は、失敗の連続でした。しかしこの失敗はいずれも自分の糧になったように思います。数々の失敗を経て、だんだんコツがわかってきました。

場の雰囲気に圧倒されて気後れしてしまう

経営者交流会での私の最初の失敗は、場の雰囲気に負けてしまったことです。

経営者交流会には色々な経営者が参加していますが、そこで交わされる会話は最先端の様々なビジネスに関する話題ばかりです。何億ものお金が動くような話や、海外のテクノロジーの話、政財界の人物の動向など、新聞やニュースでは見聞できないような話題が当たり前のように飛び交います。

私はそのような場で全く話題についていけず、話を振られてもまともに受け答えできないようなことがありました。またすでにでき上がっている社長さんたちの人脈の輪に上手く入り込めないことがありました。臆せずに会話の輪に入っていく積極性が、当時の私にはありませんでした。

印象に残る差別化要素がない…

また、当時の私は安物の背広、安物のワイシャツ、安物のネクタイ、安物の時計を身に着けた、本当に平凡な人間でした。外見的に印象に残る要素が何もありません。会場にいる社長さんたちは皆さんそれぞれお洒落な服を着てパーティーに来ていますので、平凡な服装でその場にいても好印象を残すことは難しいです。また、自分のセンスのない服装が、現場で気後れしてしまうもうひとつの要因になっていました。

話題がない！

もちろん、パーティーですので、私に話しかけてくれる親切な社長さんはいます。しかし、せっかく会話の機会が生まれても、現役バリバリの社長さんと楽しく会話のキャッチボールをするためには話術が必要です。

話術は、小気味よい会話のやりとりを行うための反射神経と、会話の中身を充実させる話題力が重要です。しかしそのどちらもなかった私は、なかなか実りのある会話をすることができませんでした。たとえば「普段どんな分野を取り扱っているのですか？」と聞かれた時に、

「民事刑事全般取り扱っています」

という回答をしていたのですが、普通すぎる回答でした。もう少し会話が展開するようなフレーズをもっと用意しておくべきでした。ちなみに今は、

「社長さんの黒歴史の後処理をしています」

など、相手がツッコミをする余地があるような返しをしています。そう、ツッコミどころのある発言をすることによって会話が広がっていくのです。

商売っ気を出して場がしらける

また、経営者交流会でいきなり商談のような話を切り出すのもよくなかったです。パーティーで知り合った弁護士にいきなり仕事をくれる経営者はなかなかいません。最初の頃の私は「仕事が欲しい」雰囲気が漂っていました。「仕事をください」とストレートに言ってしまっていたこともあります。この余裕のなさが場をしらけさせてしまっていたこともあったでしょう。

経営者交流会にくるゲストとしては、もっと余裕のある態度で臨むべきでした。

顧問弁護士の心得

経営者交流会は、場数を踏むうちに縁のつなぎ方が見えてくる。

05

「ポータルサイトで手を広げすぎる」

漫然とポータルサイトに
掲載していても
よいお客は得られない

一人でも多くのお客を…と思っていると失敗する

3-05でポータルサイトの活用について触れましたが、私も順風満帆にサイト経由で集客ができていたわけではありませんでした。

私が利用していた弁護士ドットコム（弁コム）では登録弁護士は複数の専門分野を掲載して、各分野ごとにサービス内容や料金、実績などを掲載することができます。

私は、企業法務を専門とはしているのですが、問い合わせが少ない時には少し心配になり、「債権回収」や「男女問題」など、比較的問い合わせ数の多そうなジャンルにプロフィールを掲載したりしていました。しかし、それが結果的に遠回りになってしまいました。ここでは、その失敗の原因について恥をしのんでお話ししたいと思います。

問い合わせ総数が多ければよいというものではない

弁コムでは専門分野の選択肢として企業法務から離婚まで色々なジャンルが自由に選択できます。登録弁護士は自分の集客したいジャンルを選んでそのジャンルに沿ったライティングをしてお客様からの問い合わせを待ちます。

そして、ジャンルによっても問い合わせ数は全く違います。たとえば企業法務であれば問い合わせは月に１件程度です。しかし離婚や交通事故ですと毎月二桁の問い合わせがほぼ安定的に寄せられます。

私の専門分野は企業法務ですが、毎月数万円の広告費を弁コムに支払っているのに月平均の問い合わせが１件あるかないかという状況にはちょっと不安を覚えました。そこでその他の一般民事事件の様々なジャンルにも広告を掲載するようにしたのです*。しかし、それが失敗の始まりでした。

苦手なお客が増える

私の最初の失敗は「男女問題」というジャンルで広告を掲載したことでした。決して専門分野でもないのですが、相談件数が多そうということで掲載したのです。しかし、寄せられる相

*弁コムは固定料金制なのでプランの範囲内で掲載ジャンルを増やしても料金が変わらない。

談はどれも門外漢の私にとっては難易度が高いものが多かったです。そのため、相談件数はそれなりにあったのですが、自信をもって受任することができず、相談だけで終わってしまうことも結構ありました。やはりこの分野は人生経験（恋愛経験？）も大事だなと思いました。

また「不動産」や「債権回収」など自分の専門分野でも広告を出してみたのですが、個人の近隣問題や個人間の（契約書のない）貸金の相談など、これまた苦労の多そうな案件が色々と寄せられました。結局、掲載ジャンルを増やして問い合わせは増えたのですが、事務所の経営を上向かせるような案件の受任は多くありませんでした。

◇◇◇ 企業法務の問い合わせが来なくなる

苦手な案件の相談が増えたのは、時間の無駄になった上に売上にもつながらず、とても残念なことでしたが、もっと私が落胆したのは、そのような試行錯誤をしている間、企業からの新規問い合わせがパタッと止まったことでした。

やはり、企業の経営者や法務担当者は、弁護士の専門性をとても重要視していて、「何でもやってます」という広告について慎重な目線で見ているということがわかりました。

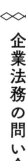

その後、私はこの苦い経験を踏まえて、企業法務だけの掲載にしました。

毎月1件の問い合わせがあり、3ヶ月に1回ほど顧問契約の受注に至り、年間4社の新規顧問先を獲得するというスタイルにこだわるようになりました。それでも毎年240万円ほどの売上純増になります。これが5年続けば、年間の売上（しかもストック収入）は約1000万円近く増えるのです。

もちろん顧問契約以外の収入源も大事だという人がいるかもしれません。そこは広告媒体を使い分けるという工夫をしてみてもいいと思います。広告媒体はひとつではありませんからね。

顧問弁護士の心得

掲載ジャンルを厳選し絞り込む勇気も、時には必要。

06

「亀レス」

人の顔や名前を
すぐ忘れてしまうのは
社長さんも同じ

人の顔や名前をすぐ忘れてしまう経験、ありませんか

他人の顔や名前をすぐ忘れてしまうという方、結構多いのではないでしょうか。私もそうです。年を取ったからと思われるかもしれませんが、それは加齢とは関係なく、人間の記憶のメカニズムによるもののようです。

忘却曲線という理論があるようです。人は何かを記憶したとしても、その多くの情報を短期間のうちに忘れてしまいます。そして、記憶に定着させるためには、その情報にインパクトがあることか、忘れる前に反復して見聞することが必要です。読者の皆さんも、司法試験の受験勉強でそのような話を聞いたことがある方、多いのではないでしょうか。そう「忘れる前に復習する」が大事なのです。

◇◇◇ 積極的に交流会やパーティーなどに顔を出しても…

私も過去には司法試験受験生でしたので、この忘却曲線理論の話は知っていたのですが、弁護士になった後にその理論を忘却していたようです。

別の章でも書きましたが、私は経営者交流会などの会合によく顔を出し、色々な企業経営者と名刺交換をして、人脈を広げることに熱心でした。

しかし、私はそこでこの忘却曲線というとても重要な理論を忘れていました。そう、知り合った経営者の皆さんに「忘れられてしまう」というミスを何度もしていたのです。

◇◇◇ パーティーの3日後にLINEをしても

パーティーなどで社長さんと話が弾むと、LINEやFacebookなどで連絡先を交換してくれることがよくあります。しかし、その後すぐに連絡をしないと、あなたの顔も名前も忘れられてしまう可能性があります。

もちろん会合でインパクトの強いネタを披露できていれば忘却の確率は少し下がるので、強い印象を与える工夫は必要ですが、やはり連絡先交換から24時間以内にお礼や挨拶のメッセージを入れておくことが大事です。忘れた頃に弁護士から突然連絡が来ても、身構えるだけです。

◇◇◇ LINEよりはFacebookがよかった

また、単に連絡先を交換するだけならLINEでもいいような気がするかもしれませんが、LINEではあなたに関する情報がほとんど見られないため、記憶を喚起するフックが乏しいです。Facebookであれば、あなたの過去の投稿を見ることができるので、あなたを思い出しやすくなりますし、またあなたに関する追加情報を見てもらえる可能性もあります。

しかし、昔の私はあまりそのことを意識しておらず、LINEの連絡先を交換してそれっきりになってしまい、今では「この人誰だっけ」というような社長さんの名前が連絡先にかなりの数あります。そう、社長さんも私のことをきっと忘れているでしょうが、私も忘れてしまっているのです。これでは顧問契約に向けた商談どころか、友達にすらなれていません。

きちんと連絡を取り合っていれば、LINEの中に眠る大量の社長さんリストがちゃんとした人脈になったかもしれないのに…と思うと悔やまれます。

読者の皆さん、会合などで意気投合した人も、24時間以内にあなたのことを忘れる可能性が高いです。忘れられる前にメッセージを送りましょう。

顧問弁護士の心得

あなた同様、経営者も人の顔と名前をすぐに忘れる。

★知り合った翌月にLINEをしても忘れられている

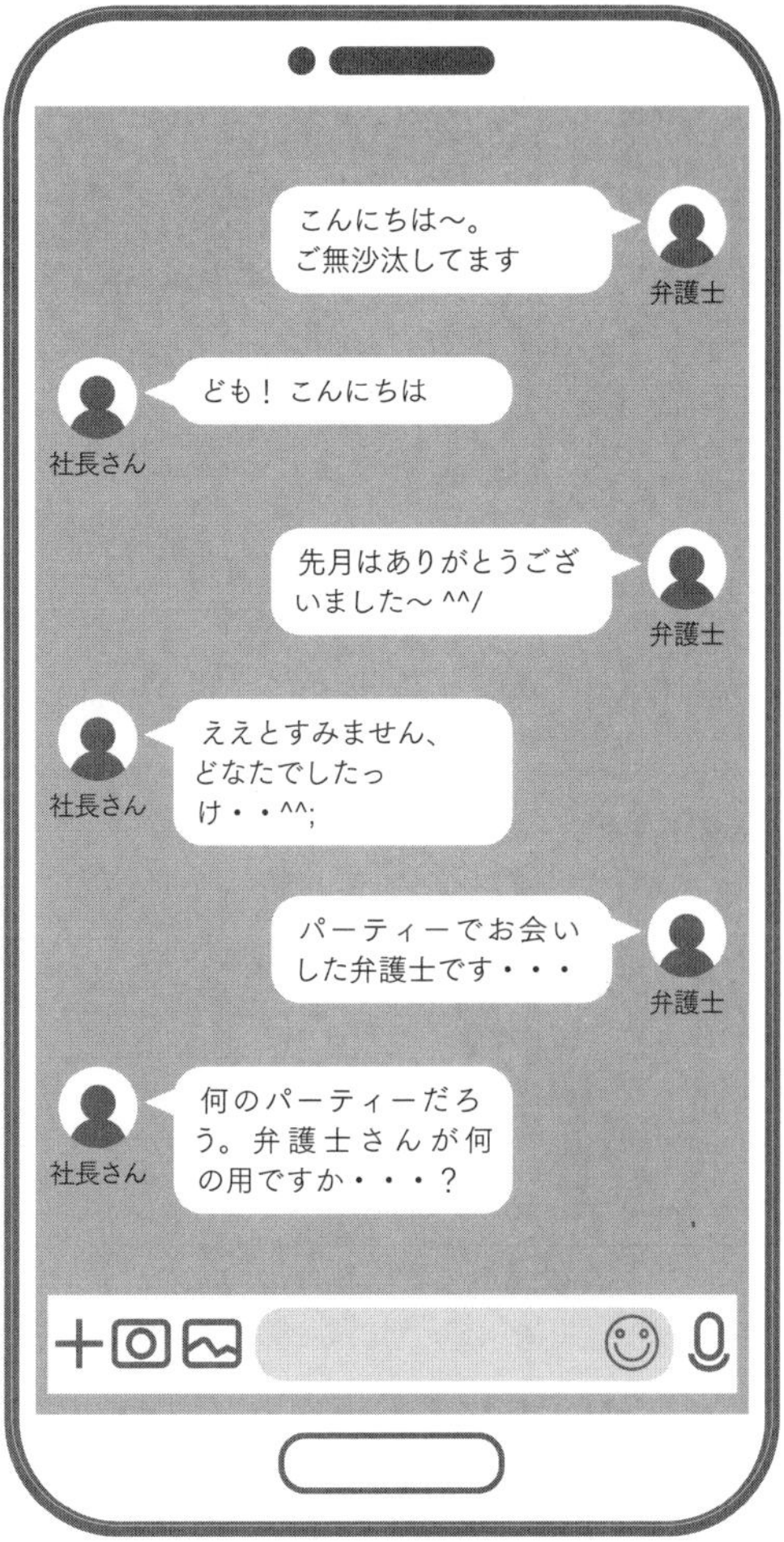

07

「勉強不足」

ノリやキャラだけでは
信頼関係は
長続きしない

◇◇◇ノリや勢いで契約が取れていた時期

弁護士になって5年目の頃だったかと思います。営業活動も軌道に乗ってきて、順調に顧問先が増えてきた、手応えを感じる時期がありました。

私は話術やファッションなどもだいぶこなれてきて、交流会などでも上手く立ち回れるようになってきました。知り合ってからすぐに顧問契約をもらえることも増えてきて、経営者の印象に残りやすいノリや勢いのある話術で新規の顧問契約をどんどん取っていたのです。中小企業の経営者にはキャラを重視する人は少なからずいますので、そういう人たちにちょっと面白い感じのある私のキャラは刺さったのでしょう。

勢いだけで取った顧問契約につきまとう不安

ノリや勢いで意気投合して顧問契約になった企業は、必ずしも私の得意分野の業種ではないことがあります。また、社内における私のファンは社長だけで、法務担当者からみると「社長が飲み会で見つけてきた弁護士」という存在ですので、必ずしも歓迎ムードでスタートするとは限りません。

したがって、簡単に獲得できた顧問契約であればあるほど、契約直後から信頼を得るための努力や工夫が必要になります。顧問契約を実りあるものにするためには、社長に気に入られるだけでなく、法務担当者やその他の社員の人たちからも信頼される人物である必要があるのです。そうでないとあなたは単に会社から顧問料を吸い取るだけの存在になってしまいます。

化けの皮はすぐに剥がれる

本来であれば、顧問契約を獲得したらすぐにその会社の事業内容や業界動向をきちんと勉強して、来たるべき相談にいつでも対応できるように準備しておく必要があります。しかし、駆け出しの頃の私は自分の営業力の上にあぐらをかいて油断していたこともあり、その勉強を怠っていたことがありました。そして、いざ事件が起きたときに、会社や業界のことをよく知らない、法務担当者とも人間関係ができていない、単に「あまり詳しくない人」に成り下がっていました。

今でも一番残念な思い出は、あるＩＴスタートアップの会社の顧問の依頼を受けた時のことです。その会社の先進的なサービスの内容や、同業他社の動向、またその分野に関する法規制など、勉強するべきことは山ほどあったのに、私がしていたのは時々そこの社長さんと銀座などで飲み歩く程度でした。私はもともとＩＴ企業に勤めていたこともあって、ＩＴについては相当詳しいという油断もあったのだと思います。しかし、その勉強不足は法務担当の役員の方には見透かされてしまい、やがて法務担当者が見つけてきた別の弁護士に顧問弁護士の座を明け渡すことになってしまいました。

◇◇◇ 顧問契約締結後の動きが重要

第一印象が大事だとは別のところでも書きましたが、顧問契約を締結した後にその社長さんだけでなく、その会社の多くの人と接する機会を早めに持っておくことをお勧めします。私は最近多忙になってしまい徹底できてはいないのですが、顧問契約をくださった企業については（業種にもよりますが）、工場や倉庫、店舗などを見学させてもらいます。また実際にその顧問先の商品やサービスを自分でも購入して使ってみたりと、その会社の事業に関して色々な知識をインプットするようにしています。それが、後日法律相談が来た場合にも案件をビジュアルでイメージしやすいですし、会社の皆さんにも熱心な先生だという印象を与えることにもつながります。

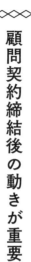

さらには、今後どのような知識を身につけていくべきかという見当もつけやすくなります。

最初は自分がリードしていたとしても…

また、きちんと顧客や業界動向について勉強したつもりになっていたとしても、企業の皆さんは我々以上に人生を賭けて必死で勉強しています。

ある設立間もない会社の顧問になった頃は、私の方が業界動向にも法規制にも詳しくて、顧問としての活動も充実していたのですが、気づいたら顧問会社の皆さんが猛勉強して抜き去っていたということはしばしばあります。

もちろんゼネラリストである弁護士が特定の業界のことについて専門家になることは難しいです。しかし、勉強不足と思われないように日頃から努力する姿勢があるかどうかは、顧客からよく見られています。

顧問弁護士の心得

勉強不足は、決して隠すことのできない致命的な欠点である。

08

「他人事」

企業法務だから
ビジネスライクでよい
とは限らない

淡々とした対応で果たしてよいのか

依頼者、特に見込み客と接するときの弁護士の接客態度はとても大事です。これは家事、刑事、企業法務を問わずあらゆる分野において変わりはありません。依頼者の相談内容を親身に聞き取ることは常に重要ですし、自分の英智を総動員して依頼者のために最適な助言や解決方針を示す態度を忘れてはいけません。

しかし、企業法務の分野においては、依頼者からの相談事に対して淡々と事務的に必要最低限のことだけを述べて終わりにしてしまう人がしばしば存在するようです。私の事務所にも、そういう弁護士に不満を感じてセカンドオピニオンを求めてくる経営者や、顧問弁護士の乗り換えを検討してお越しになる社長さんが結構います。

刑事や家事の分野では、依頼者と一緒に怒り、悲しみ、感情を共有して対応する熱い先生方は多いのですが、どうも顧客が「企業」となると、冷静さを重視しようとする余り、つい事務的な対応になってしまうことがあります。実は私もかつてはそんなクール（?）な弁護士を演じようとしていたことがありました。冷静さと冷淡さをはき違えていたのです。

◇◇◇ 企業顧客でも、目の前の相談者は生身の人間

企業顧客の場合、相談に来る方は個人のお客様と異なり、ご相談に関する分野については一般人以上の知識や経験があり、もちろんそのビジネスの専門家です。

したがって、個人客の一般民事事件とは打ち合わせの内容や進め方が異なります。弁護士としては、依頼者のレベルに合わせる努力をしながら、高度な水準で条文や裁判例の理解や分析をして解決策を考える必要があります。

しかし、企業の経営者でも法務部門の一担当者でも、悩みを抱えて弁護士のところに相談に訪れるという点では、個人客と変わりません。その顧客心理を無視した対応では、真の信頼関係を構築することは難しいです。相談に応じる弁護士としては「相談をしてよかった。視界が開けた」と思われるような面談を目指すべきなのです。そのためにはやはり、情熱も重要なのです。その情熱や熱意が目の前の顧客とのラポールを築いていくのです。

六法全書を代弁するだけでは足りない

企業法務においても、問題となる法律関係とは別に意識しなければいけない事項は多々あります。考え得る複数の選択肢があったとすると、その法的効果だけでなく、その選択、すなわち経営判断が社内外に及ぼす心理的影響を考慮しなければなりませんし、経営者はその要素をとても重視します。

たとえば誰かを解雇するかどうか、特定の取引先を切るべきかどうか、そのような重要な判断においては、法律以外の要検討事項は企業経営には多くあります。解雇権濫用の判例だけ知っていればよいというものではないのです。

私の苦い体験をひとつご紹介します。駆け出しの頃、建築問題で近隣と大トラブルになっている地主さんが顧問先だったのですが、法的にはこちらの言い分は通らない案件で、相手方の主張が全て法的に正しい事案でした。私は交渉を受任したものの勝ち目はなく、依頼者に負けを通告するような報告を交渉のたびにしていました。

どんどん依頼者のストレスは高まっていき、やがて依頼者の怒りの矛先はその近隣地主ではなく私のほうに向くようになりました。私は勝ち目のない中でどのように今後その近隣と付き合っていくのか、別のところで利益を出すアイディアはないかなど、依頼者の苦痛を軽減する方法を考えるべきだったのですが、相手方以上に依頼者に対して冷淡な態度をとっていたようです。結局その依頼者からは見限られ、貴重な顧問先を1社失ってしまいました。

我々は法律の専門家だが、法律「だけ」の専門家ではない

若い先生の中には、自分は弁護士なのだから法律のことだけ回答すればよくてそれ以外のことについては知らぬ、という態度をとる人が結構います。しかし、弁護士は法律に精通しているだけではダメで、深い教養を保持し高い品性の陶冶に努めないといけないのです*。法律だけの専門家に成り下がるのは簡単ですが、そのような人を顧問弁護士として選択する顧客は、企業側にはさほどいないのです。

幸い、私はクールでドライな人が格好いいわけではないということに早い時期に気づいて軌道修正をすることができました。それは、本書ですでにご紹介したトークの録画（2-08）など、自分の接客を見直す機会を持っていたからでしょう。読者の皆さんも、今一度、あなたの接客態度が他人事でないか、ましてや冷淡すぎやしないか、点検をしてみませんか。

＊弁護士法第2条「弁護士は、常に、深い教養の保持と高い品性の陶やに努め、法令及び法律事務に精通しなければならない。」

顧問弁護士の

心得

法律屋の立場から見える「法的最適解」は、必ずしも企業にとって正解とは限らない。

09

「話がわかりにくい」

困ったことに
法曹界は
そういう人の集まり？

何を言っているかわからない人だらけの世界、それが法曹界

今回は私の失敗談ではないのですが、実に多くの方が失敗している「話し方」について触れておきたいと思います。

2-08でも触れましたが、私が法曹界に入り、一番驚愕したのはこの業界「喋るのが下手な人が多い」ということでした。そして、しゃべり方が下手というのには2種類あり、滑舌や口の動かし方などの純粋な運動技術の問題と、トークの内容が理解しづらい言葉の選択の問題があります。加えて、特に敬語表現などの日本語の話法に誤りが多い人もいます。そしてこの三つの問題を両方抱えている人も結構いるように思います。

実際、他の法律事務所と商談をしたのにそこで顧問契約をせずに私のところに訪ねてくる経

営者には、法律の知識や経験ではなく、弁護士のコミュニケーション能力に不安を感じて依頼ができなかったという人が結構います。顧問弁護士というのは、企業の相談相手という存在なのですが、その人の話がわかりにくいのであれば、依頼を躊躇するのは当然ですよね。

セカンドオピニオンのようでそうでない相談

現在、私はSNSでたくさんの企業経営者と友人としてつながっています。友人の経営する企業の多くは顧問弁護士がおり、私の出番はまずないはずなのですが、しばしば相談のメッセージが寄せられます。それには「依頼している顧問弁護士の説明が理解できない」というものが時々含まれています。

最近あった例としては、債権者破産の申立の際の予納金について、それが何のためのお金でなぜ払わないといけないのか、顧問弁護士の説明を聞いてもわからないという質問が寄せられたことがあります。弁護士であれば誰でも知っているようなこんな簡単な説明が実は意外と難しいのです。他には内容証明郵便を送った相手がこちらの要求を無視する理由についての説明が理解できないなど、内容的に高度でないものなのに理解ができないという愚痴のような相談が時々寄せられます。

そう、「話がわかりにくい」という苦情は、内容が法的に簡単な場面でこそ出るものなのです。難解な法的問題のときは、難しいと依頼者もわかるので、そこでその手の苦情は出ないのです。

話を聞く体勢になっていない依頼者も多い

弁護士の説明が依頼者にとってわかりにくい要因には、依頼者が冷静に説明を聞ける心理状況にないこともあります。弁護士との打ち合わせの最中にも、銀行にはどう説明するか、損失をどうやって商売で穴埋めするか、今後の人事はどうするかなど、経営者は同時に複数のことを常に考えています。だからこそ、経営者への説明はストレスなく理解できるよう上手に組み立てられている必要があるのです。

稚拙な話術はイライラを招く

経営者にはせっかちな人が多いです。それは性格に由来するものではなくて、多忙な人が多いからでしょう。打ち合わせは短時間でかつ有意義なものでないとストレスになります。私は色々な企業の打ち合わせに数え切れないほど同席した経験から、経営者がイライラするしゃべり方を学びました。それは次のようなしゃべり方をする人です。

①語尾が聞き取りにくい
②内容が整理できていない
③敬語表現が間違っている

そしてコミュ力の低い人の多くは大抵この要素を複数持っています。まず①については純粋にトレーニング不足です。滑舌をよくする訓練を怠っている人は、この①の欠点がよく見えます。そして②は単に準備不足です。会議には準備が必要だという意識が足りない人によく見られます。また③については、「拝見させて頂きます」のような二重敬語などですが、ビジネスマナーに関する教育をきちんと受けた人にとっては大変気になることのようです。

弁護士の商談は法律相談を兼ねていることが多い

実際問題、顧問契約の商談をしている経営者は、顧問契約の条件だけでなく具体的な法律の案件も同時に話題に出すことが多いです。それは目の前の案件について顧問弁護士としてどう考えるかという力量の見極めもしたいからです。そこで稚拙な説明に終始しては獲れるはずの契約も獲れません。商談の引き合いは来るものの、成約に至らないという方は、ぜひ自分の話術やプレゼンを改めて客観的に見直してみる必要があります。

顧問弁護士の
心得

話が伝わらないのは、相手が法律の素人だから
ではなく、あなたが話術の素人だから。

10

「ニッチな趣味で目立とうとする」

経営者は
あなたの私生活に
意外と関心があります

趣味はとても重要な営業要素

読者の皆さんが、顧問先との共通の話題作りを重要と考えるのと同様に、あなたの顧客もあなたとの共通項を探していることがあります。それはビジネスにおいて相手と話が弾むこと、心理的な距離が縮まることは有意義なことだからです。何より、趣味や思考が近いことは会話を円滑にします。

マイナーな趣味を前面に出してはいけない

ここで私の失敗談をひとつご紹介しましょう。

私は駆け出しの頃、インディーズバンドのライブを聴きに行くのが趣味で、平日週末を問わず、好きなジャンルのライブがあったらライブハウスへ行っていました。地元東京だけでなく、北海道から沖縄、時には海外にまで遠征して色々なライブを見て回っていました。

私のバンドへののめり込みの様子は、SNSに随時投稿していて、ファン仲間の間では多少知られる存在になってきました。しかし「いいね」をつけてくれるのはそのバンドのファンの皆さんだけで、私とSNSで直接間接につながっている数百人の経営者の方には何の響きもありませんでした。

当然ながら、顧客との打ち合わせでもバンドの話題が出ることはありませんし、バンドの話題で脱線して盛り上がることなどもありません。

仕事の打ち合わせとはいえ、会話の潤滑剤が少ないことは仕事をスムーズに進めるにおいてマイナスと言わざるを得ないのです。

趣味は何でもよいわけではない

すでに1-09で述べたように私はとても多趣味な人物ですが、このことに気づいてからはオープンにする趣味と密かな趣味を分けています。ちなみにオープンな趣味は音楽や芸術などの文化的なものやスポーツなどで趣味人口の多いものです。趣味人口が多いものの方が共感者を多く獲得できます。

逆にあまり人に言わない密かな趣味もあります。それは下手すぎる絵画、なかなか上達しない英会話のような、まだ人に紹介するようなレベルでないものや、ぬいぐるみ集めのようにちょっとリアクションに困りそうなものです。

◇◇◇ ウケを狙うと大抵失敗する

今思い返せば、当時の私は他人との差別化を図りたくて、珍奇な行動を投稿して認知度を高めようとしていたようにも思います。しかし、所詮弁護士の発想力などはたかが知れていて、ウケを狙って投稿した文章も、冷静に他人が見るとあまり面白くないことも多いです。

ウケを狙ってそれを外してしまった場合、逆効果であることは言うまでもありません。

色々と学んだ最近の私は、SNSにギャグを投稿する場合には、推敲に推敲を重ね、誰かが不快に思うことはないか、オチとして成立しているかなどを多角的に検討した上で投稿ボタンを押すようにしています。

最近の私の配信動画をご覧になった方は「ウケ狙いばかりではないか」と思う方もいるかもしれませんが、実は毎回、ディレクターと数ヶ月の準備期間を経てシナリオを構成し、綿密な議論を重ねて制作をしています。ギャグも、気合いを入れて作ることで寒さを回避できますし、寒さにも面白味がでてきます（と祈りたい）。

自由な世界ではあるけれど

もちろん、SNSを何に使うかは個人の自由ですし勝手です。しかし、「顧問先を増やしたい」という強い願いのある方は、その使い方次第で運命が変わり得るということを考えて頂きたいのです。SNSは単なる日記、ストレスのはけ口、友人との雑談、いろいろな使い方がありますが、他方であなたの集客チャネルや広報窓口としても機能しうるのです。私が顧客獲得に低迷していた時期は、この認識が甘く、同業者の友人たちや趣味仲間との内輪ウケに逃げていたように思います。

顧問先を増やしたい読者の皆さん、あなたのSNSは誰に向いていますか。

顧問弁護士の心得

SNSでは、目立てばよいというものではない。「経営者からどう見られるか」を常に意識することで顧客との関係形成に変化が生まれる。

Column 5

そんなに顧問先があって大丈夫？

100社近い顧問先があると、同業者の方から「そんなにたくさん顧問先があったら忙しくて回らなくなるのでは？」という質問をよく頂きます。

弁護士の仕事というのは労働集約型的な側面がありますので、顧客が増えれば仕事の時間も増えるということは確かにあります。

しかし、こと「顧問契約」に限って言うと必ずしもそうとは限りません。

事件の依頼であれば必ず処理すべきタスクがあります。しかし顧問契約の場合は必ずしも具体的な業務を伴うとは限りません。弊所の顧問先の約半分は年間を通じてほとんど何の相談もありません。

また、それ以外の顧問先も、ご契約後だんだん時間が経つと呼吸が合ってきて、私の対応しやすいようなスタイルで仕事を投げてくるようになります。作業量や締め切り感、追加報酬などにも大人の配慮が働くことが多くなります。

そして、企業法務という分野はITによる効率化が図りやすいという点もあります。企業の方はチャットによる連絡やクラウドでの情報の交換など、効率的な仕事の進め方に対してとても理解があり、かつ協力的な場合がほとんどです。

あとは仕事をサポートしてくれる、頼れるスタッフを顧問先の増加ペースに併せて採用していけば仕事でパンクすることはありません。

読者の皆さん、恐れることなくどんどん顧問先を獲得していきましょう。私の経験上、100社まではパンクしません。

PART 6

良好な関係を維持！顧問先の「日常ケア」

顧問契約は獲得するのも大変ですが、
契約をしたところで安心してはいけません。
その契約を長続きさせるためには色々な工夫が必要です。
ひとつひとつの簡単なことの積み重ねが、
顧問先との良好な関係を維持する潤滑剤になるのです。

01

事務所報を作ろう！

事務所報とは
親近感を維持向上する
ための必須アイテム
である

◇◇◇ご無沙汰している顧問先こそ不安が

弁護士の顧問契約は、顧客によって連絡や相談の頻度に大きな差があります。毎日のように相談の電話やメールが来る顧客もあれば、年に1回あるかないかという顧客もあります。弊所では、ご相談は数年に1度という顧問先が実は何社かあります。

そのような手間のかからない顧問先は経営上大変ありがたいようにも思われるのですが、お役に立てていない、もしかして必要とされていないのではないかという不安がやがて生じてきます。そのような不安を多少でも軽減するのが「事務所報」です。読者の皆さんもお付き合いのある士業事務所などから届くのを見たことがあるのではないでしょうか。

事務所報を作成するにあたっての留意点

弊所では設立以来毎月、顧問先にペライチの事務所報を郵送しています。そこで気をつけているのは2点です。

・法律に関する話題を書かない
・自分の近況を書く

これは、私が会社員時代を通じて、様々な士業事務所からの事務所報を受け取る立場で思っていたことなのですが、士業事務所から届くその手の書類は大抵「面白くない」のです。

企業の総務部にいた頃の私でも、顧問弁護士から届く事務所報は全く読んでいませんでした。情報過多のこの時代です。重要な法改正などは、定期購読している雑誌や新聞で十分に追えます。私は、事務所報は顧問先との関係を良好に維持することが第一の目的だと考えています。そのような目線を持つと、何を書くべきか自ずと絞り込まれてくると思います。そう、「キーマンに読ませる」工夫が大事なのです。

親近感を維持するライティングを心がける

私の事務所報では法律の話題は一切書かず、私の近況報告に終始しています。最近は休日に何をしているか、最近どのようなメディアに露出したかなどを、読み手が気軽にさっと読める分量で多少のオチをつけて書いています。

これにより、私がどのようなキャラの人物なのかという記憶も読み手に定着していきますし、ご無沙汰感がなくなっていきます。定番は、私が余暇に没頭しすぎて周囲が心配するというボケとツッコミがよく登場します。サンプルを7－05にご紹介していますので、ぜひご参考になさってください。

事務所報がもたらした効果

弊所の事務所報は各顧問先でよく読まれているようで、思いがけない効果が色々とありました。

ある日、数年続いた顧問先から解約の連絡がありました。しかしその数時間後、社長から連絡があり「先生の事務所報が読めなくなるのは淋しいと職員達から申し出があったので、やっぱり継続します」ということで解約を免れたことがありました。

別の顧問先では、チラシ類は一切部長に回覧しないというルールだったそうなのですが、ある取締役管理部長の方から「こんな面白いものをなぜ私に回覧しないのか」とカミナリが落ちて、それ以来毎月楽しみに読んで頂いているそうです。

また別の顧問先では私の事務所報を社内のイントラに毎月アップして全社員で読んでくださっているそうなのですが、ある日社外取締役に欠員が出た際に、社内から「高橋先生を後任に！」という声が挙がり、なんとその会社の取締役になることになりました。

他にも、顧問先の税理士さんがたまたま私の事務所報を目にして、面白い人だからと別のクライアントをご紹介してくれたこともありました。事務所報の効能は計り知れないものがありますね。

顧問弁護士の心得

事務所報には「面白さ」を追求したライティングを心がけよう。

02

Facebookを更新しよう！

趣味に使うか、
仕事に使うか。
それが運命の
分かれ道

漫然とSNSを更新していても顧問先は増えない

3-07でSNSの効能について触れました。

しかし、闇雲にアカウントを作って日記や雑記帳のように思いついたことやその日の出来事を投稿していれば顧問先が増えるということはありません。何をどのような頻度で、どのような媒体に投稿するかの戦略が大事です。

本稿では、SNS*の投稿戦略について少し触れたいと思います。

投稿方針を考えよう

顧問契約のマーケティングにおいては、あなたのSNSは企業経営者が読んだときにあなたに対しプラスの印象を持つものである必要があります。もう少し具体的にいうと、人柄に好感が持てて、どんな分野が専門なのかがわかりやすく、印象に残りやすい記事を投稿していくことが望ましいです。そのような印象の蓄積が、だんだん、あなたがその企業の顧問弁護士候補であるというイメージを読み手の記憶の中につくっていくのです。

◇◇◇ 経営者が読みたくないものは何かをよく考えよう

企業の経営者にとってSNSは息抜きの場であり情報源です。決して顧問弁護士を探すツールではありません。スルーされないためにも、そのことを意識した情報の方向性や質にこだわる必要があるのです。

ご参考までに、私がFacebookに投稿をする際にNGとしているものをいくつかご紹介します。

・ニュース記事の単なるシェア（情報価値が低い）
・弁護士業界の内輪ネタ（経営者には興味がない）
・他人の悪口（理由は後述）
・下ネタ（色々と誤解される）

ひとつ分かりやすい実例をご紹介します。

以前、企業法務に詳しい弁護士を探しているという会社があり、私が手一杯で忙しかったた

＊双方向型SNSとしては国内ではFacebookとTwitterがほぼ同じシェアですが、本稿では炎上しにくく読み手を把握しやすいFacebookを想定しています。

め知人弁護士を紹介したことがあります。その翌日にその会社から電話があり、その人は採用できないから別の人を紹介して欲しいと言われました。理由を聞いたところ、その人はＳＮＳに他人の悪口ばかり投稿していて、印象が悪かったというのです。

我々弁護士という人種は、日頃から口げんかの世界に生きていますので、他人の欠点を突くのが普通の人より得意です。普通の人には、ものすごく辛辣な物言いの人に見えることもあるようです。

不祥事を起こした企業、政治家、犯罪者。確かに、色々と批判・非難されるべき存在は世間にたくさんありますが、それらをＳＮＳ上で攻撃する人があなたである必要はありませんよね。

経営者が「いいね」を押すのはどんな記事か

では逆にどのような記事は「いいね」を押してもらいやすいのでしょうか。

私の個人的な考えですが、お勧めは次のような投稿です。

・写真の撮影技術が高い投稿
・珍しい場所や体験の紹介
・ライフイベント（結婚や出産）の紹介
・何かに挑戦している様子

私はネットでは法律に関する話題をほとんど投稿しません。また経験上、写真がある投稿の方が「いいね」がつきやすく、文字だけの投稿はあまり数字が伸びない傾向にあります。

最近では、私がケーキ作りに挑戦している投稿や、ヨガを極めようと特訓をしている投稿、初めてのギターに挑戦している投稿のほか、最新のガジェットをレビューしている投稿などに多くの「いいね」がつきました。

このことからも経営者の皆さんは情報源というよりは、読み物として面白いかどうかを結構重視しているのかなという気もします。

顧問弁護士の心得

それがどんなに悪い人であっても、（顧問先獲得ツールとしての）SNSで他人の悪口を書いてはいけない。

03

定期的な会食も

会食の目的は何かを
考えて
企画することが
大事

会食は親睦深耕のための重要な場

顧客との会食の目的は様々ですが、最も重要なのは親睦を深めるための会食です。

しかし、意外と会食の設定が残念な人が多いようにも思います。ここでは、私が考えている「正しい会食」についてお話しします。

会食の目的を見失わないこと

私は顧問先との会食の目的は大切なクライアントと良い思い出を共有することにあると思っています。食事を共にすることは手段であって目的ではありません。また、恩を売ることやご機嫌を取ることが目的であってはいけません。そんな下心に満ちた会食をセットしたからといって、すぐに相手の記憶からは消えてしまいます。

忘れられない素敵な思い出を顧客に得てもらって初めて、その会食は成功といえるのです。

ところが、企業の経営者は接待や会食の機会も多いので、「ちょっと高級な割烹などで食事をし、その後はバーやクラブで飲む」といったありがちなコースで会食を設定されても、新鮮さを感じませんし「またか」と思うこともあるでしょう。そこで私はそういう会食をここ数年していません。私が企画して顧問先に好評だった会食パターンをいくつかご紹介しましょう。

パターン1　温泉を絡める

PART3のコラムでも触れましたが、会食に風呂を絡めるのは鉄板です。どんな地域にも探せば温泉と食事（お酒）がセットになった施設は多数あります。都内ですら何ケ所もあります。意外と思われるかもしれませんが、多くの経営者はこの誘いを断りません。お風呂が苦手な日本人はまずいませんしね。応用編としては、七輪ホルモン焼きのお店などに行って、油まみれの体になった後に風呂というのも爽快感があってよいと思います*。

パターン2　スポーツを絡める

クライアントとのスポーツ交流はゴルフだけではありません。私はアフター5に体を動かす

*着替えを持ってきてもらうよう事前にお伝えすることをお勧めします。

企画をすることも多いです。ボルダリング、アーチェリーなど、初心者でも気軽に挑戦でき、短時間で終わるものは探せば結構あります。体を動かした後の食事やお酒はまた格別です。

パターン3 自宅に招く

私は料理が得意なのでよく顧問先の役員さんを自宅に招いて手料理を振る舞っています。実は高級料亭に行くよりも、高級食材を買って自宅で調理する方がよほど安上がりです。アットホームな雰囲気で親近感も生まれます。さらに、一緒に料理をすると一層精神的距離が縮まります。家族ぐるみの付き合いになると仕事上の付き合いを越えた感覚も芽生えるでしょう。

住環境が許す方にはぜひお勧めです。逆パターンで食材を持ってクライアント宅にお伺いしたことも何度かあります。

パターン4 小旅行を絡める

都会に住んでいても特急電車に1時間くらい乗ると結構自然豊かな場所に行くことができますよね。私はたまにですが、顧問先の方と一緒に漁港のある地方に行ってそこで地魚を食べるという企画をしています。旅に向かう道中の電車から早速飲み始める訳ですが、それがまた楽しくて好評です。そして、現地では終電までに帰る人もいればそのまま泊まって行く人もいます。

要は何かを絡める工夫をすること

お気づきかもしれませんが、私は会食には必ず食事以外の要素を絡めるようにしています。

経営者の方は美味しい物を食べ慣れているので、食事だけだとそれがどんなに豪華で美味しくても、記憶に定着しにくいのです。ここでご紹介したような会食を一度でもすれば、その人は忘れられない思い出としてあなたと過ごしたひとときを覚えていてくれるでしょう。色々と企画をしているうちに企画力は身につきます。断られたらどうしようとあまり考えずに、勇気を出して積極的に顧問先を誘いましょう。声を掛けると「実は先生から誘われるのを待っていました」という回答を得ることも多くあります。ちなみに私の会食で、今でも多くの顧問先から熱烈なリクエストが寄せられるのは「家二郎」*です。一度食べたら一生忘れないそうです。

*自宅で作る二郎系ラーメン。

顧問弁護士の心得

会食の目的は「素敵で忘れにくい」思い出を相手と共有することにある。

04

折に触れギフトを贈ろう！

ギフトを贈ること
自体を目的に
しないように注意

◇◇◇ お中元、お歳暮は送るべきか？

弁護士同士でよく話題になるのが「顧問先にお中元やお歳暮を贈るべきか」という議論です。私は過去には顧問先にお中元やお歳暮を贈っていました。

しかし、顧問先の数が増え、また自分も多くの贈答品を受け取る立場になったときに、二つの理由から定期的な贈答品をやめました。

一つ目の理由は、顧問先の数が増えて発送事務がかなり事務局の負担になってきたことです。顧問先数が50社を超えたあたりからお歳暮の手配が数日がかりの大作業になりました。年末の忙しい時期にこの作業が入るのは確かに負担が大きいです。同じ理由で年賀状もある時期からやめました（5-02）。

二つ目の理由は、自分が多くのお中元、お歳暮を頂く立場になったことで、色々なところから届くお歳暮をほとんど記憶していないことに気づいたことです。せっかく贈答品を送ってもキーマンの記憶に残らないのでは意味がありません。

そこで、私は顧問先へのプレゼントは、記憶に残るタイミング、記憶に残る品物でなくてはならないと考えるようになりました。

ギフトを贈るべきタイミングは

企業の経営者にギフトを贈る時期としては、お盆と年末は避けた方がよいかもしれません。それは、同じ時期に他の取引先からもお中元やお歳暮が届くため、自分の贈ったギフトに気づいてもらえない可能性があるからです。

それよりは、誕生日、お子さんの進学、新商品の発売、などキーマンの方の節目のようなイベントがあった際に贈る方がよいかもしれません。

また、特に何かの節目でない時期でも、その会社を訪問する際に渡すというのでもいいと思います。宅配便で届いたものよりは、直接手渡しで受け取った物の方が印象に残る可能性が高いからです。

私は久々に訪問するクライアントには、ちょっと珍しいデパ地下スイーツなどを持参することがあります。

あえて「生モノ」を贈る

贈答品のチョイスに関して大きな誤解があると思う点を書きます。それは「贈答品は日持ちするものがよい」という誤解です。

ギフトをもらう立場になって考えて見てください。ある日あなたが仕事をしていたら、顧問先から松阪牛や夕張メロンが届いたとします。その時に「こんな生物を送ってきやがって」と気分を害すると思いますか。いえむしろ逆のはずです。小躍りしたい気持ちを抑えながら夜の食卓に思いを馳せるのではないでしょうか。その場で家族にＬＩＮＥしちゃうかもしれません。

逆にクッキーなどの焼き菓子が届いた時のことを想像してください。

企業の経営者になれば中元歳暮に多くのギフトが届きます。弊所でも年末には大量のクッキー詰め合わせが色々なところから届きます。もうどこからどのクッキーが届いたかなど、いちいち覚えていられません。もちろん自分で食べきることはできないので、職員に配ることになります。つまりクッキーはキーマンの胃に入る可能性が低いのです。

あえて「配れないモノ」を贈る

もう一つの誤解は「分けられる物がよい」という誤解です。

お菓子の詰め合わせなど分配しやすいものは送り先の職員間で分配される可能性が高くなり

ます。キーマンの胃に入れたいのであれば、分けにくく、かつ部下が遠慮しそうな品物がよいでしょう。私のお勧めは、和牛ステーキ*、高級カニ缶、高級フルーツです。経営者が自宅に持ち帰らずにはいられない品物のチョイスが、送った品物を相手の印象に残る可能性を高めるのです。キーマンのご家族が「これ誰からもらったの？」と必ず聞くのでそこでも記憶・印象を濃化させることができます。

＊実は和牛ステーキ一枚なら3千円程度なのでお菓子の詰め合わせとさほど金額は変わりません。

中元歳暮に焼き菓子を送るな。

05

自分の成長を顧客に伝えられるよう頑張ろう！

顧客の目は時の経過と
ともに肥えていく
その評価に
耐えうる自分たれ

◇◇◇ 変わらないことのリスク

ここまで、顧問契約の獲得と維持に関して私の持つ全てのノウハウをご紹介してきました。最後に、まだ私自身にも正解が得られない、最も難解な課題を皆さんに共有して本書に一区切りをつけようと思います。それは「自分の成長をどうやって顧客に伝えるか」です。

企業の経営者は日頃から多くの優秀な人と出会います。したがいまして、経営者は年を経るごとに人を見る目が肥えていきます。もちろん、あなた以外の弁護士と知り合うこともあるでしょう。顧問先の社長の人脈がどんどんと成熟していく過程において、あなたが他の人たちと比べて見劣りしないようにするためには、自分も常に成長をしないといけませんし、その成長を可視化することが必要になります。

では、どうすれば顧客は、あなたが成長していると感じてくれるのでしょうか。正直私にもまだその答えはありません。ここでは、現時点で私が考えていることを述べておこうと思います。

助言の質を高める

当然ですが、弁護士である以上、法律の勉強から逃げることはできません。法改正や最新判例を追いかけることは一生続きます。いざ企業から相談があった際に、冷静かつ客観的に事実関係を分析して法律をあてはめた説明をできるように常に自分をアップデートしておくことは当然の前提です。

しかし、それは結局のところ顧客から見ると「弁護士だから当たり前」というふうに見られることも多く、それだけで顧客の信頼を十分に勝ち取ることはできないのではないかと思っています。

やはり、法的なアドバイスだけでなく、もう一歩進んで経営的な目線からも助言ができるようになると顧客の法的判断だけでなく経営判断のヒントにもなりますので、助言の質は格段に上がります。そのような一歩上の助言をするようになるには法律とはまた別の勉強が必要になります。経営者向けの書物や歴史書などに学び、文化的な教養を高めていくことは、経営的な助言をする際の大きな武器となります。ゴルフやお酒をどんなに頑張っても教養は身につきません。そして、深い教養を背景とした助言がズバズバと出るようになると、それは経営者の心に刺さり、強い敬意と信頼関係を醸成します。それこそが、まさにあなたの成長を感じる瞬間だと思うのです。

◇◇◇ サービスの質を高める

あなた自身の成長とは別に、あなたの経営する法律事務所が成長していることを顧客に示すことも重要です。弁護士業界にも一応競争はあります。あなたの顧問先も、たまにはあなたと他の弁護士を比較していることもあるでしょう。そして、顧客が弁護士を比較する際には、弁護士そのものを比較することもあれば、その箱である法律事務所を比較することもあります。その比較のモノサシは、規模の大小というよりは、専門性や利便性など、サービスの質に絡んだ要素によって構成されているように思います。

したがって、洗練された法律事務所として成長していることを顧客にわかってもらうためにも、勤務弁護士や事務職員の教育をきちんと行い、事務処理体制も常にアップデートの途を模索し、正確でレスポンスのよい顧客対応ができるようなサービスレベルを追求していくことが大事になってきます。

昔ながらの仕事のやり方でも顧客を失わない先生も確かにいます。しかし、多くの顧問先を維持したいのであればそれでは不十分です。顧問先の解約リスクを仮に分類するとしたら、A：何があっても解約にならない顧問先、B：状況によっては解約になり得る顧問先、C：いつ解約になってもおかしくない顧問先というふうに、解約可能性によって分類すると、そういう先生はAの顧問先しか残らないかもしれません。Cの顧問先の解約も極力防ぎたいということであれば、やはりそれなりの頑張りが必要なのだと思います。

変わらなくてよいものもある

もちろん変わらなくてよいものがあります。それは、顧問先に対する情熱や愛情です。顧問契約がある程度長く続くと、つい安心して関係値のメンテナンスが疎かになりがちです。しかし、その油断や慢心は意外と顧問先にお見通しだったりします。顧問契約を頂いたときの喜びを忘れずに、顧問先と心の距離をあけないような努力を重ねていくことが大事です。本章で私が紹介したノウハウをぜひ参考にして頂き、顧問先と末永く良好な関係を続けて頂ければと思います。

顧問弁護士の
心得

変わる努力をしなければ、やがて見劣りする存在になる。経営者の目はどんどん肥えていくのだから。

Column 6

講師業をはじめたきっかけ

私は弁護士になって10年も経たない頃、事務所の顧問先の数も売上も、駆け出しの頃に夢見ていた目標を達成していました。

しかし、縁にも恵まれ、事務所の経営も軌道に乗っているにもかかわらず、そこから先の目標を持っていなかった私は今後の長い弁護士人生において何を目指すべきなのかがわからなくなってしまいました。

燃え尽き症候群とでもいうのでしょうか、全てが上手くいっているのにノイローゼのような、変な精神状態に陥ってしまいました。

そこで私はこの業界で30年以上活躍している、某アニメ映画監督に似ていると噂の先輩弁護士に相談に行きました。

その先輩は、「人に何かを教える仕事をしてみてはどうか」とアドバイスをくれました。その先輩も、精力的に後進の指導をされている方で、多くの優秀なお弟子さんを輩出していました。

普通のマチベンの私が他の先生に教えられるようなことなどないと思っていたのですが、その後、縁あって顧問契約獲得や弁護士業務のIT化などに関する講師をすることになり、そこで様々な出会いがあり、講師業という私の新たなライフワークが生まれました。

私の経験に興味をもって多くの先生方が話を聞きにきて、それを実践してくれることは、私自身も自分の仕事のやり方を改めて見直すとても有意義な機会となりました。

受講生の方からは「なぜ商売敵に大事なノウハウを教えるのか」とよく聞かれるのですが、それこそが自分をさらに育てることにつながるのだと今は実感しています。

このライフワークはなかなか燃え尽きなさそうです。

PART 7

「雛形」公開！
顧問契約獲得のための書式集

これまで、顧問契約に付随する書式は
多くの弁護士が独自に作っていたようで、
お決まりの書式というものはなさそうです。
本章では私がこれまで作った書式の中で、
初心者の方が顧問サービスを始めるにあたって
必要となりそうな書式をいくつかご紹介します。
読者の皆さんの創意工夫で、
より自分に合ったものに育てていって頂ければと思います。

01

ヒアリングシート

面談時ではなく、
アポイント時に
作っておくことがお勧め

充実した面談のための貴重な情報源

顧問先獲得の第一歩となる書式がヒアリングシートです。事件類型ごとに書式を用意しておき、問い合わせの電話があった際に手短に聞き取って埋めるようにします。そして、面談の日までに可能な限りの事実や法令・判例の調査を行い、処理方針や費用感を固めておきます。これにより面談が中身の濃いものになり、踏み込んだ提案を可能にし、受任可能性を高めます。

通常、問い合わせ電話に対応しアポイントを取るまでの仕事は事務職員が行うことが多いので、職員の教育訓練も重要です。なお、電話をしながらポイントとなる事項を手際よく入力していくためには電話機をヘッドセット型にすることを強くお勧めします。

また、事務員さんが聞き取ったこのシートを面談担当弁護士が改めてチェックして、事前検討に必要な事項を追加で聞き取る必要が生じることもあります。そのため、日中の連絡先なども最初の入電時に聞いてメモしておくことは重要です。

顧客をホールドする副次的効果も！

さらに、この書式を用いてアポイント段階で色々な聞き取りを行っておくと、それだけで少し打ち合わせが進んだ感じがして、顧客が他の同業者に流れにくいという効果もあります。単に予約をとっただけであればキャンセルをする心理的抵抗はあまりないでしょうが、相談内容を事務員さんに伝えて、面談の日までに弁護士が検討してくれているとなると、それまでの間は他の法律事務所に相談に行かなくてもいいかなという気持ちが顧客側にわいてきます。

本書ではサンプルを一つだけご紹介しておりますが、色々な事件類型のヒアリングシートが整備されていると安心です。

↓次ページに、見開きで「雛形1 ヒアリングシート」を掲載しています。

・発信者への損害賠償請求
・刑事告訴
・自身が発信者で、その弁護をしてほしい
その他（　　　　　　　　　　　）

5　その他弁護士に伝えたいこと

ヒアリングシート（ネット上の誹謗中傷）

カテゴリ：ネット誹謗中傷

1　誹謗中傷がなされているURL（複数ある場合は改行して下さい）

2　誹謗中傷が始まった時期

　　　年　　月　　頃

3　投稿者に心あたりは

ない

ある（あなたとの関係：　　　　　　　　　　　）

4　記載されている内容は

全て真実　／　一部真実　／　事実無根

その他（　　　　　　　　　　）

4　弁護士に望む処理方針（複数回答）

・投稿記事の削除

・発信者の住所氏名の特定

・発信者への差止め請求

02

料金表

明朗会計は
顧客との信頼関係
構築の第一歩

見積もりが場当たり的にならないように

私は独立する前は顧問料を一律に1社5万円（月額）としていました。

しかし、やがて顧客が増えるにつれて顧客によって相談の頻度や難易度もまちまちになってきました。むしろ同じ料金だと不公平だという気がして、顧客の属性などに応じた明朗な料金体系を設計しようとして作ったのが左の料金表です。

読者の皆さんも、こちらを参考に、弁護士業務の変化に合わせて随時アップデートを施しつつ、オリジナルの料金表作りにぜひトライしてください*。

*個人的には最初はこの書式のまるパクリでいいと思います。

雛形2 料金表

弁護士法甲野太郎法律事務所　顧問契約料金表のご案内

（2022年6月現在）

（顧問料）

（基本）一般的な小規模中小企業		金5万円（月額）
a	全国展開企業 又は遠方の企業	＋5万円
b	外資系、商社等英語対応が必要な企業	＋10万円
c	知的財産法、IT法等の専門分野の対応が必要な企業	＋5万円
d	株式公開企業	＋10万円
e	年間の訴訟件数が平均10件以上の企業	＋5万円
f	その他特殊な対応が必要な企業	＋5万円～
g	所長弁護士を主担当として指名	＋5万円

例えば一般的な中小企業で、ITに関する顧問業務を中心とする場合、顧問料は月額10万円となります。

（顧問業務に含まれるもの）※特に回数や時間の制限はありません。

1　日常のクライアント様からの法律相談（優先的に予定を割きます）
2　簡易な内容の書面（※A4用紙1枚程度のもの、定型のフォームを埋める程度のもの）の作成
3　内容証明郵便の作成送付（実費別）及びこれに対する問い合わせ対応
4　簡易な交渉対応、簡単な調査業務（弁護士会照会等）
5　誹謗中傷記事の削除交渉（月間10記事を上限の目安としますが、超えても追加費用は発生しません）

（※年度中のご相談・ご依頼のボリュームに応じて、翌年度の顧問料の増減をさせて頂きます。通常は自動更新とさせて頂いております。）

（顧問先様特別割引）

顧問料の額に応じて、裁判手続等顧問業務に含まれない業務をご依頼頂く場合の報酬額等を10%～20%減額致します。

債権回収事案の場合、完全成功報酬制をご選択頂くことも可能です。その場合の報酬金は回収額の30%＋消費税及び実費となります。（※訴訟提起後、勝訴判決を取得したものの倒産などの理由で回収が出来なかった場合には提訴手数料としてXX万円（税別）を申し受けます。）

（従業員様への無料法律相談サービス）

クライアント企業様にお勤めの従業員の方は、ご相談案件につき初回の法律相談（1万円・税別）を1回分無料とさせて頂いております。

（ご連絡先）
東京都中央区北22丁目2番2号
弁護士法人甲野太郎法律事務所（代表社員・甲野太郎）
電話 XX-XXXX-XXXX（代表）　FAX XX-XXXX-XXXX

03

顧問契約書

サービスの範囲と
無償で行う範囲を
明確に

◇◇◇顧問料の範囲内でどこまで対応するか

顧問契約書を作るにあたり、特に重要なのは、顧問料の範囲内でどこまでのサービスを行うかが契約書にはっきり書いてあることです。依頼者にとっても、どこまでは無料でどこから先が追加料金なのかは常に気にするところですので、そこは契約書に明記しておいた方が望ましいでしょう。

ご参考までに、弊所では日常の法律相談や契約書チェックのほか、簡単な書面の作成と簡単な交渉は無料としています。たとえば内容証明郵便を送るだけとか、弁護士会照会、情報公開請求などは無料で対応しています。

他方で税務や登記など、他の士業の専門となる法分野については対象から除外しています。

顧客との信頼関係が高まってくると、何でも顧問弁護士に相談したくなるようなのですが、専門外のことを気安く引き受けて後で迷惑をかけるのもよくないので、そこははっきりと線引きをしています。

◇◇◇ タイムチャージ制を設けるか

今回ご紹介する雛形はほぼ完全月額固定料金制です。そのメリットは2-06でも説明しましたが、他には自動引き落としとの相性がよいことや、年額を一括で支払いたいという顧客の経理ニーズに対応しやすいというメリットもあります。また弁護士にとっても、年間の売上の見通しを立てやすいという大きな利点があります。

◇◇◇ 裁判の料金設定を明確に

もうひとつ重要なポイントは裁判手続を受任する場合の料金をわかりやすく書いておくことです。顧問先から裁判の依頼があるたびに場当たり的に料金を提示するのは信頼を損ねることにつながります。ご参考までに、私は旧弁護士会報酬規定の20％割引き、または完全成功報酬制30％としています。

↓次ページに見開きで「雛形3 顧問契約書」を掲載しています。

でに特段の申入れがない限り、同条件にて１年間更新されるものとし、その後も同様とする。

本契約成立の証として、本契約書を２通作成し、甲乙各１通を所持する。

ＸＸ年Ｘ月Ｘ日

（甲）　東京都千代田区南１１丁目１番１号
ＡＢＣ商事株式会社
代表取締役　丙　田　花　子　印

（乙）　東京都中央区北２２丁目２番２号
弁護士法人甲野太郎法律事務所
代表社員　甲　野　太　郎　印

（ご参考）甲野太郎法律事務所所定の報酬基準早見表（標準報酬額）

経済的利益	着手金（標準）	報酬金（標準）
300 万円以下の場合	8%	16%
300 万円を超え 3,000 万円以下の場合	5%＋９万円	10%＋ 18 万円
3,000 万円を超え３億円以下の場合	3%＋ 69 万円	６%＋ 138 万円
３億円を超える場合	2%＋ 369 万円	４%＋ 738 万円

・消費税は別途　・着手金の最低額は 10 万円　・30%の範囲内で増減許容

法律顧問契約書

依頼者　ＡＢＣ商事株式会社を甲、弁護士法人甲野太郎法律事務所を乙とし、甲が乙に対し法律上の助言を求め、乙が甲の求めに応じて法律上の助言を与えることについて、法律顧問に関する契約を次のとおり締結する。

第１条（委任業務）

甲は乙に対し法律顧問を委任し、甲の業務に関する法律相談をなし、乙は優先的に上記法律相談に応じるものとし、その相談料は原則として無料とする。

ただし、特に調査検討を要する複雑な法律相談（※相談時に乙が即答できない難易度を伴うもの）、書面による鑑定はこの限りではない。

２．簡易な内容の書面（※Ａ４用紙１枚程度のもの、定型のフォームを埋める程度のもの）の作成、内容証明郵便の作成送付等については、乙は原則として実費でこれをなすものとする。

３．乙は、簡易な交渉対応、簡単な調査業務（弁護士会照会等）については、原則として実費でこれをなすものとする。

４．委任業務には、税理士業務、社会保険労務士業務、弁理士業務など一般的に弁護士以外の他士業が行うものとされているものを含まないものとする。

第２条（顧問料）

甲は乙に対し、顧問料として月額金Ｘ万円（消費税別、以下金額表示について同様）を、毎月末日までに、乙の指定する銀行口座に送金して支払う。

第３条（顧問先特別減額）

乙が甲より訴訟事件等の受任を依頼された場合においては、乙は優先的にこれを受任し、誠意をもってこれを処理するものとする。

２．乙が甲より訴訟事件等を受任する場合においては、乙は乙の報酬基準（旧●●弁護士会弁護士報酬会規に準じる）所定の標準報酬額の８０％相当額をもってこれを受任するものとする。

３．乙が甲より金銭債権回収事件を受任する場合、乙の報酬基準に関わらず、着手金を無償（実費別）とし、成功報酬額を回収額の３０％（消費税別）とする料金体系にて乙に依頼をすることもできる。その場合、回収が不奏功だった場合には、裁判手続きを経た場合に限り、甲は乙に対して提訴事務手数料として金ＸＸ万円（消費税別）を支払うものとする。

４．乙が甲より受任する債権回収事件の料金に関しては、保全申立１回、強制執行申立１回までは、本案事件の料金に含まれるものとする。

第４条（有効期間）

本契約はＸＸ年Ｘ月Ｘ日より１年間存続するものとし、期間満了の１ヶ月前ま

04

連絡先一覧

「弁護士と
連絡がとれない」
という経験を
顧客にさせないためにも

連絡がとりやすいことは大きな魅力

2-07でご紹介した連絡先一覧ですが、これの出しどころは2回あります。1回目は商談の際にチラリと見せるとき、2回目はご契約時です。

何が便利な連絡手段かは人によって異なります。したがって様々な連絡手段を用意しておくことによって顧問先との「互換性」が高くなります。できれば、メール、携帯、LINEは押さえておき、それ以外にはチャットワークやFacebookなど比較的普及度の高いものを入れておくとよいでしょう。ただし、自分が滅多にチェックしないものを載せてしまうと、連絡をしたのにレスがないという不満につながるリスクがありますので、載せすぎには気をつけましょう。

雛形4 連絡先一覧

（取扱注意：顧問先様限定）

弁護士法人甲野太郎法律事務所　甲野太郎弁護士

連絡先一覧

種別	アドレス／ID等	備考
電子メール	xxxx@xxxx.xx	CRMでチームにて管理していますので、確実に対応されます。お急ぎでない場合はこちらがお勧めです。
携帯電話 電話 FAX	XXX － XXXX － XXXX XX － XXXX － XXXX（代表） （コールセンターが対応します） XX － XXXX － XXXX	離席中は秘書、事務員が電話に応答する場合もあります。
Chatwork	ID : XXXX またはメールアドレス xxxx@xxxx.xx	お気軽に申請して下さい。
Facebook	https://www.facebook.com/xxxx	お気軽に友達申請して下さい。
LINE		こちらもお気軽にどうぞ。

05

事務所報

無理なく
コツコツ
継続できる分量で

◇◇◇ 大切なのは「読まれること」

6-01で触れた事務所報のサンプルをご紹介します。私は法的な情報提供を目的とせず、顧客との親近感を維持するためにこれを作成しているので、とにかく「読まれる」ことを意識してライティングをしています。また、私の場合、毎月これを全顧問先に送っているので、毎月コツコツと無理なく続けられる分量でテンプレート化しています。

毎月書くものなのでネタ切れが一番の心配なのですが、事務所報に書くネタを作るために新しいことにチャレンジするという動機付けにもなります。

左のサンプルのような汎用的な内容であれば、顧問先以外にも送れるので、顧問先の顧問税理士、顧問社労士にも送ったりもしています。

雛形５　～甲野太郎法律事務所だより～　●年●月号～

1　近況報告

お世話になっております。所長の甲野太郎です。

いよいよ春の足音が聞こえてまいりました。皆様はいかがお過ごしでしょうか。

陽気があたたかくなると、遠くの山や川へ出かけたくなってしまいますね。実は私の趣味はウォーキングでして、心身の健康のためにも、冬の間に休めていた（サボっていたわけではありません！）体を動かしてきたいと思っております。おすすめの散策スポットなどありましたら、是非ご教示くださいませ。もちろん、ウォーキングの際の感染症対策には、充分に注意してまいりたいと思います。

※写真

2　感染予防対策について

甲野太郎法律事務所弁護士の丙田花子です。お世話になっております。

先日、近所の公園へ家族でお花見に行ってまいりました。１歳になったばかりの娘はまだまだ花より団子といった様子でしたが、公園は人通りも少なく、落ち着いたひと時を過ごせました。育休中の夫の良い息抜きにもなったようです。外出時、幼いお子様にはマスクの徹底は難しいかもしれませんが、写真のようなかわいい柄のものは喜んで着けてくれました。他にも、最近は様々な感染予防グッズが出ておりますね。私も日々勉強していきたいと思います。

※写真

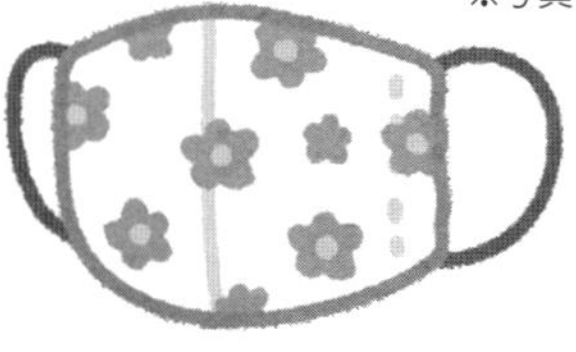

3　事務所での電話対応業務について

事務局よりのご連絡です。いつも大変お世話になっております。

当事務所は、電話の一次対応の一部を外注のコールセンターに委託しております。３コール以内でとれなかった電話は、センターに転送されます。ご不便をおかけすることがあるかも知れませんが、どうぞよろしくお願いいたします。お急ぎのご連絡は、チャットワーク等でお寄せくださいますよう、お願いいたします。

また、時節柄、お打ち合わせに関しましてもなるべくWeb会議でのご対応をお願いしております。ご理解ご協力のほど、よろしくお願いいたします。

※写真

4　ゴールデンウイーク期間の業務について

事務局の戊田です。弊所の弁護士達はちょっと目を離すとすぐに山や川や公園に出かけてしまいます。息抜きも時には大事ですが、事務所の経営を支えるために、山河ではなく、営業に出かけて欲しいところです。

それはさておき、今年のゴールデンウイークは、飛び石連休です。

・４月29日（金）　昭和の日
・４月30日（土）　通常の土曜日
・５月１日（日）　通常の休日
・５月２日（月）　平日（通常業務）
・５月３日（火）　憲法記念日
・５月４日（水）　みどりの日
・５月５日（木）　こどもの日

その間は事務所の代表番号は留守番電話になります。お急ぎの場合は各弁護士の携帯電話、チャットワーク等で連絡が可能ですので、ご遠慮なくお問合せをいただければと存じます。

それでは、コロナ感染手洗い、うがい、マスクできちんと予防をしつつ、皆様もよいゴールデンウイークをお過ごしください！

06

証人予定者への案内文

協力者の心理負担を
少しでも
軽減するために

顧問先の従業員に証人をお願いする機会は多い

顧問先が増えてくると、自ずと顧問先からの訴訟受任も増えてきます。そしてその顧問先の従業員に証人をお願いする機会も増えます。

証言に協力してくれる従業員の方は、好き好んで証人になるわけではありません。仕事なので仕方なくといったところが本音です。また多くの方には人生で初めての経験なので、とても不安ですし緊張します。

そこで弊所では証人予定者の方に本稿でご紹介する書式をお渡しするようにしています。以前Twitterで公開したところ好評でしたので、こちらでも掲載することにしました。

案内文に記載するのは、集合時刻や集合場所、担当弁護士の携帯番号、当日の持参品などのほか、尋問手続きの流れや、尋問を受ける際に気をつけることや逆に気にしなくてよいことを書いています。

私の経験上、顧問先の従業員の方とは事前準備の段階で信頼関係ができていることが多いので、尋問の当日に想定外の出来事が起こることはあまりないのですが（それも顧問契約の大きなメリットです）、やはり気持ちよくご協力頂くために、できる限りの工夫はすべきと考えています。

また、情報過多になってしまうと逆に混乱してしまいますので、この案内文はせいぜい2ページくらいがよいでしょう。

◇◇◇ 状況に応じてアレンジを

なお、掲載した書式は証人となる従業員向けで、こちらが原告の場合のものですので、依頼企業の代表者など事件の当事者に渡す場合やこちらが被告側の場合は少し修正が必要ですのでご留意ください。

↓次ページに見開きで「雛形6 証人予定者への案内文」を掲載しています。

２） 意見や感想を聞く質問には答えなくて良い。

（例）これって仕事したことになると思いますか？

このサービスでこの料金って高くないですか？

また、弁護士によっては、とても無礼な態度で質問をしてくる人も結構います（チンピラ口調、ため口）、これはこちらを混乱させようという相手の戦略だったりすることもありますので、あまり気にせずに粛々と対応してください。

また、質問が下手で何を聞きたいのかわからない弁護士もたまにいます。そういう場合は「質問の意味がわかりません。」で別の質問の方法で聞き直してもらってください。

この反対尋問の方がエネルギーを消費しますので、前半で体力を使い切らないようにしてください。

※相手が質問をしているときにうなずきながら聞くと「Yes」と答えた旨記録されることがありますので注意してください。あいづちの「はい」も同じように記録されることがありますので、Yesの意味でない限り「はい」と言わないようにしてください。

↓

再主尋問。相手方の尋問で崩れてしまった、誤解答をしてしまった場合に、我々がリカバーのための質問をします。多少のミスはここでリカバーできますのでご安心ください。

↓

裁判官からの質問。

ここはひとつ深呼吸をして、冷静になって回答するようにしてください。裁判官からの質問は、通常は１、２個程度ですぐ終わります。

↓

尋問終了です。その後、他の被告本人の尋問を聞くもよし、手続きを見届けるもよし、お帰りになるのも自由です。

～さいごに～

証人になる方は皆さん慣れない経験で緊張します。しかしそれは正しい生理現象ですので、緊張しても焦る必要はありません。

また、無理に答えようとして、不正確な証言をする必要もありません。うまくすぐ言葉に整理できない場合は、裁判長は待ってくれます。間違った証言をするよりも、少し間をあけてでも正確な回答をしましょう。

そして、嘘はダメ、ゼッタイです。会社も裁判に勝つためにあなたに嘘をついて欲しいとは考えていません。正々堂々と真実を裁判所に伝えましょう。

雛形6 証人予定者への案内文

甲野太郎法律事務所

証人予定者の方へ

この度は裁判手続きへのご協力誠にありがとうございます。証人になっていただくにあたっていくつかご案内がございます。本書は、当日もご持参ください。

1）裁判の日時と集合場所について
日時：20●●年●月●日（●）●●時●●分～●●時●●分頃@●●●号法廷
●●時●●分尋問開始予定です。
場所：東京地方裁判所（東京メトロ霞ヶ関駅A１出口から徒歩１分）
集合：●●時●●分　１F弁護士待合室（正面玄関を入り建物左奥です）

２）持ち物・服装について
持ち物：印鑑、社員証、飲み物（但し飲む場合は裁判官の許可が必要です）
服装：特に決まりはありません。ご自身が一番リラックスできる服装でいらしてください。ど忘れをすることもありますので、陳述書は当日お持ち頂き、直前には一度目を通してください。

３）当日の流れについて
開始５分前頃に法廷に入室し、受付簿等にご署名。

↓

裁判官の前で宣誓「何事も隠さず、真実を述べ、偽りを述べないことを誓います」

↓

裁判所指定の証人順で尋問開始（他の証人の尋問中は、後の予定の証人は傍聴できません）

↓

いよいよ出番です。まずは主尋問。●●分程、私どもから陳述書の内容にそった質問をします。質問のあと一呼吸をおいて尋ねられたことだけにそれぞれ短く答えるようお願いいたします。
その際に陳述書などの資料を見たりすることはできません。
※我々ではなく、正面（裁判官）の方を向いて答えてください。また、裁判所で録音をしておりますので声がかぶらないよう、質問が終わってから答えてください。

↓

つぎに反対尋問（予定：●●分）。相手方の弁護士からの質問です。どんな質問がされるかは事前にわからないので、以下の２点を覚えておくとよいでしょう。
１）　知らないことは答えなくて良い
　　（例）会社の経理のこと、他の担当者に関すること

07

解約合意書

備えよう、
いつかは必ず
必要になる…

顧問の解約は淋しいものだけれど

弁護士を何年かやっていると、1-10でも触れたように色々な理由で中途解約になる顧問先は必ずあります。その時のために、解約合意書は必ず用意しておきましょう。

これがないと、契約がいつ終わったのかハッキリせず、また仕掛かり案件を途中でやめてよかったのかなどの点につき、将来になって元顧問先と認識が異なってしまうことがあります。最悪のケースでは、弁護士自身が終了したと思っていた顧問契約がまだ続いており、契約期間中に仕事をしなかったという理由で顧問先から懲戒請求をされることもあり得ます。特に多くの場合、顧問契約は自動更新条項が付されていますので、その点も踏まえて終了の旨を明確に形として残しておくことをお勧めします。

雛形7 解約合意書

解約合意書

ＡＢＣ商事株式会社（以下「甲」という。）と弁護士法人甲野太郎法律事務所（以下「乙」という。）とは、甲乙間でＸＸ年Ｘ月Ｘ日に締結した法律顧問契約書（以下「原契約」という。）につき、以下の通り合意したので、本合意書を締結する。

第１条（合意解約）
甲及び乙は、ＸＸ年Ｘ月Ｘ日をもって原契約を合意解約するものとする。

第２条（委任事務の終了）
原契約の終了に伴い、甲が乙に委任または委託している委任事務及び委託業務は、全て終了するものとする。

第３条（協議事項）
本合意書に記載なき事項又は本合意書の解釈に疑義の生じた事項については、甲及び乙は、信義誠実のもとに協議の上解決するものとする。

以上を証するため本合意書を２通作成し、甲乙記名捺印の上、各１通を保有する。

ＸＸ年Ｘ月Ｘ日

（甲）東京都千代田区南１１丁目１番１号
ＡＢＣ商事株式会社
代表取締役　丙田　花子　印

（乙）東京都中央区北２２丁目２番２号
弁護士法人甲野太郎法律事務所
代表社員　甲野　太郎　印

Column 7

法人化はした方がいい？

若手の読者の皆さんには、ご自身の事務所を法人化するかどうか悩んでいる方がおられると思います。私も弁護士 10 年目の頃に結構悩んだ末に法人化をしました。特に支店展開をする予定もなく、経営規模的には現状維持を目指している私の事務所ですが、顧問業務に特化する弁護士にとって魅力的なメリットがあると思い、思い切って法人化をしました。

そのメリットとは①法人の代表者限定の会合などに参加できる、②源泉徴収が不要になり経理処理が簡素化する、③個人事業主との取引に慎重な企業からの依頼を受けやすい、などです。

まず①ですが、これは経営者との出会いの機会を広げるという点でとても大きなメリットです。

②は毎年 2 〜 3 月になると顧問先から源泉徴収票を回収するのが大変なのですが、それが不要になり経理が楽になりました。

③については、法人化してから上場企業からの顧問契約がとりやすくなりましたし、企業の法務部の方とお話をすると、個人事業主との取引の場合、社内の稟議が通りにくいという話はよく耳にします。確かに直接の原因ではないにせよ、法人化してから上場企業の顧問先が何社か増えました。

他方でデメリットもあります。思ったほど節税効果はない、従業員の人数にかかわらず社会保険の加入義務がある、税務調査が入りやすい（らしい）、自分の確定申告の他に法人の決算作業もある、自宅住所が登記されてしまう、などです。法人化を検討されている方は、金銭的な損得だけでなく、それ以外の要素も天秤にかけた上で、法人化するかどうかを検討されるとよいかと思います。

■著者紹介
高橋　喜一（たかはし・きいち）

略歴
1993年　住友不動産株式会社入社
2000年　チェース・マンハッタン銀行入行
2003年　日本アイ・ビー・エム株式会社入社
2007年　琉球大学法科大学院修了
2007年　ドイツ証券株式会社入社
2008年　弁護士登録（第二東京弁護士会）
2010年　豊島区行政情報公開・個人情報保護審議会委員
2012年　コスモポリタン法律事務所開設
2016年より顧問先獲得セミナーの講師を始め、全国で開催された「～顧問獲得のための「準備」と「コツ」伝授セミナー～」は延べ1000人以上の弁護士が受講。

主な著作・監修等
2011年　『並行輸入を学ぶ』（監修・(財)対日貿易投資交流促進協会刊）
2014年　『輸入ビジネスと知的財産権の基礎Ｑ＆Ａ』（監修・(財)対日貿易投資交流促進協会刊）
2015年　『初心者のための「並行輸入を学ぶ」』（監修・(財)対日貿易投資交流促進協会刊）
2016年　『プロバイダ責任制限法判例集』（共著・LABO刊）　他多数

ウェブサイト　http://cosmo-law.net

ゼロから信頼を築く　弁護士の顧問先獲得術

2023年2月15日　初版発行
2023年3月15日　3刷発行

著　者　高橋《たかはし》　喜一《きいち》
発行者　佐久間重嘉
発行所　学 陽 書 房
〒102-0072　東京都千代田区飯田橋1-9-3
営業部／電話　03-3261-1111　FAX　03-5211-3300
編集部／電話　03-3261-1112　FAX　03-5211-3301
http://www.gakuyo.co.jp/

ブックデザイン／スタジオダンク
ＤＴＰ制作／ニシ工芸
印刷・製本／三省堂印刷

ISBN 978-4-313-51196-5　C2032